Notre aventure sans frigo

ou presque...

Groupe Eyrolles
61, bd Saint-Germain
75240 Paris Cedex 05
www.editions-eyrolles.com

AVERTISSEMENT AU LECTEUR

Les informations et recettes qui figurent dans cet ouvrage, tirées de l'expérience personnelle de l'auteur et des personnes qu'elle a interviewées, ont été complétées par des avis d'experts et vérifiées avec soin. La responsabilité de l'auteure et de l'éditeur ne saurait cependant être engagée quant aux éventuels dommages ou désagréments pouvant résulter de leur mise en œuvre. L'auteure attire naturellement l'attention sur les aliments (viande, poisson, fruits de mer, mayonnaise...) qui doivent impérativement être conservés au réfrigérateur, à défaut d'être consommés dans les heures suivant leur achat ou leur préparation, et sur les précautions à prendre lors de l'expérimentation de modes de conservation alternatifs. En cas de doute, ou si vous souhaitez en savoir plus sur les règles d'hygiène alimentaire et sur les risques liés aux modes de conservation, nous vous engageons à consulter les sites suivants :

www.securiteconso.org/intoxications-alimentaires/

www.economie.gouv.fr/dgccrf/Publications/Vie-pratique/Fiches-pratiques/Hygiene-alimentaire

http://canadiensensante.gc.ca/recall-alert-rappel-avis/hc-sc/2013/35219a-fra.php

Conception graphique : Olivier COCHARD

Marie Cochard

Notre aventure sans frigo

ou presque...

EYROLLES

“ Frigo, tu paries, Paris, que je te quitte ? ”

Quand j'ai annoncé autour de moi que j'allais débrancher mon réfrigérateur et que j'allais écrire un livre sur le sujet, la réaction a été pratiquement unanime. Passé la stupéfaction, mes proches m'ont quasiment tous regardée d'un air terrifié : “ Vous allez manger des aliments moisis et des légumes avariés ? ”

J'exagère un peu... mais pas tant que cela. Mon entourage s'imaginait que je revenais à l'âge de fer voire de pierre... et que ma petite famille souffrirait bientôt de maladies telles que le botulisme, la listériose, la salmonellose, j'en passe et des meilleures !

Mes parents ont bien tenté de me raisonner en jouant sur la corde sensible : “ Et les enfants, tu ne vas tout de même pas leur infliger cela ! Ils vont ingurgiter un bouillon de culture si tout reste dehors... ” Lesquels enfants m'ont demandé s'ils mangeraient moins une fois le frigo débranché...

Quant à mon cher et tendre, comment vous dire ? Sa première pensée a été pour son échine de porc et ses bières fraîches. Ensuite est venu le temps des négociations...

Comment leur en vouloir ? 99,6 % des Français possèdent un réfrigérateur. Car voyez-vous, s'il est envisageable pour certains de se passer de télé, pour d'autres de téléphone portable, pour d'autres encore de sucre, vivre sans frigo est un débat d'une autre dimension. On touche là aux confins des limites de l'humainement acceptable pour le commun des mortels occidental !

Par contre, toujours téméraires, mes amis écolos ont réagi totalement différemment à l'annonce de la nouvelle, en manifestant un vif intérêt et une curiosité amusée pour l'expérience que je m'apprêtais à mener.

Aussi, après avoir tenté par tous les moyens de recycler les épluchures (voir mon premier ouvrage, Les épluchures, tout ce que vous pouvez en faire*), allais-je essayer de comprendre de quelle manière optimiser la conservation des aliments autrement qu'avec le fameux appareil électroménager, en évitant, il va sans dire, l'apparition de germes pathogènes (pour le moins peu appétissants !) sans pour autant vivre comme une “primitive” recluse au fin fond des bois.*

Au-delà de mon travail de journaliste, j'ai souhaité mettre en application tout ce que j'ai appris au cours de mes “enquêtes”, sachant que ce serait une autre paire de manches et que le parcours serait sans nul doute jalonné de difficultés (je le concède, on est loin de La Petite Maison dans la prairie *!).*

J'ai souhaité, avec ce livre, retrousser les miennes (de manches), passer mon garde-manger au scanner, me lancer le réel défi de réapprendre savoir-faire et astuces d'antan, limiter au maximum notre gaspillage alimentaire et, enfin, diminuer encore un peu notre bilan énergétique.

À vrai dire, si comme moi vous êtes déjà engagé dans une démarche de "mieux manger", que vous boycottez, autant que faire se peut, les supermarchés au profit des circuits courts, que vous privilégiez les produits frais par rapport aux plats industriels farcis d'additifs alimentaires (censés améliorer leur conservation, pardi !) et que vous limitez ou que vous avez déjà supprimé la viande (bien-être animal, catastrophe écologique, réchauffement climatique et santé obligent), le poisson (sous peine de vider les mers et de vous retrouver hautement contaminé), les produits laitiers (intolérances et allergies à la caséine, acides gras saturés...) et enfin le gluten (omniprésent dans les produits industriels et notamment dans la boulange) de la composition de vos menus, il ne vous aura sans doute pas échappé que le contenu de votre cher frigo s'est réduit comme peau de chagrin !

Sans compter que, parmi les ingrédients restants, bon nombre ne devraient pas côtoyer le grand froid : fruits et légumes, fromages, miel, œufs, café, gousses d'ail, oignons, sirops, bouteilles d'eau, pots de confiture, sardines en conserve... Ôtez-les de votre armoire à glace et vous n'aurez sans doute plus que quelques restes : un morceau de tarte maison ou un plat de crumble de légumes, par exemple. Ceux-ci peuvent être congelés et ressortis à l'occasion d'un repas pris en solitaire ou d'un déjeuner à emporter au bureau (notez que les restes se conservent entre 3 et 6 mois placés au congélateur, contre 1 à 4 jours s'ils sont disposés au réfrigérateur). Congeler nos restes est donc la meilleure solution pour augmenter leur conservation et éviter de manger le même plat plusieurs jours de suite !

Non pas (comme pourraient le sous-entendre les thuriféraires de la chaîne du froid et autres rabat-joie) que vous ne mangiez plus rien, seulement vous boudez désormais les produits industriels au profit de fruits et légumes frais, de légumineuses, de laits végétaux, de céréales anciennes, de graines et de graines germées, d'herbes aromatiques, d'épices, de miel et de sucres non raffinés... bien meilleurs pour votre santé et celle de la planète.

À la clé, la santé (cuisiner des produits à température ambiante épargne notre organisme, en effet, notre corps doit fournir un effort incroyable pour digérer des aliments sortant du réfrigérateur), beaucoup d'économies, moins de déchets, plus de simplicité, de plaisir à faire soi-même et le goût, surtout ! Seulement, rappelons encore une fois que l'idée ne me serait pas venue de me passer de réfrigérateur si mon alimentation avait été en partie composée de plats préparés, car, pour ces produits, la réfrigération est obligatoire !

Cet ouvrage n'a en aucun cas la prétention d'être un guide. Il s'agit plutôt d'une invitation à nous suivre dans nos pérégrinations à travers une palette de DIY autour de la conservation des aliments, sans technologie ni électricité (pour la grande majorité), et d'astuces faciles à réaliser et qui font la part belle à la récup' et au détournement d'objets.*

Bon, et si je suis encore là pour vous en parler, c'est que cela ne s'est pas trop mal passé !

Marie Cochard

* DIY : "do it yourself", c'est-à-dire à réaliser soi-même.

Sommaire

Enfouissement / emballage / enrobage

Antiseptiques (sel, fumée, vinaigre, alcool, sucre)

Fermentation

Appertisation (stérilisation)

Préfaces

"Marie, je suis plongée dans ton Aventure sans frigo, il fait 36 °C dehors, tu penses bien que...

Et puis chemin faisant, je me dis que finalement, à part les boissons fraîches et les quelques yaourts qu'il contient, mon frigo urbain, souvent appelé "frigo de pauvre" par les gens qui m'entourent, n'est pas loin de l'idéal que tu préconises. Il faudrait juste que je réduise la taille de cette "armoire à glace" afin de minimiser sa voracité en énergie.

"La meilleure conservation commence par l'achat", cette phrase sonne tellement juste !

Oui au bon achat de saison et en circuit court, tu l'expliques bien : les légumes qui n'ont pas voyagé en camion réfrigéré se conservent à température ambiante, parfois juste à l'abri de la lumière. Mais surtout, oui à l'achat de peu. Notre cuisine ne doit pas reproduire l'étal d'un supermarché où l'on choisit ce qu'on va consommer au jour le jour... pour finir par mettre le reste à la benne ! Devoir savoir ce que l'on va cuisiner peut paraître au début comme une contrainte, une privation de choix, mais on s'aperçoit vite que notre quotidien en est simplifié. Cuisiner devient alors facile, rapide et plaisant. Trop de choix, finalement, c'est trop compliqué !

C'est lors de nos premiers voyages en "kmion" que j'ai commencé à adopter ce mode de vie de peu : de cuisine de peu et de peu de réfrigération, grâce à une glacière capricieuse. Bien des fois, il a fallu vite tout manger ou vite tout jeter ! Depuis je ne mets plus au froid que des boissons fraîches qui, au pire, deviennent des tisanes, quelques yaourts ou un peu de charcuterie pour la journée. Le reste vit une vie tranquille dans du papier sulfurisé, des sacs en kraft ou en tissu, ou dans le panier en osier. Bien sûr, la nourriture se modifie, c'est normal et même rassurant (les conservateurs nous veulent si peu de bien) ; il faut alors inventer d'autres façons de la manger. Le pain dur, réduit en miettes, est éparpillé sur un plat de pâtes, le chèvre frais se mange sec, la tome durcie est râpée, la salade fanée se fait sauter et les légumes flapis se coulent en ratatouille...

Marie, toi comme moi, nous aimons observer le quotidien et rendre ludiques les petites philosophies domestiques, toujours à la recherche de jolies choses à vivre dans l'inaperçu ou le non-remarquable. Ton utilisation des épluchures avait enchanté un minuscule espace entre cuisine et compost, ton aventure sans frigo nous offre une nouvelle aire de jeux, inattendue encore."

Martine Camillieri

Martine Camillieri est plasticienne et auteure, elle travaille sur l'écologie, le biodégradable, le zéro-déchet. Elle est l'auteure de *Jamais sans mon kmion*, paru aux éditions de l'Épure.

"Quand Marie Cochard m'a parlé de son projet de vivre sans frigo, j'ai d'abord ri. Puis une image m'est immédiatement venue en tête. Celle de la petite maison de mes grands-parents, en Lorraine, où je passais mes étés, enfant. J'étais toute petite et le temps y coulait doucement. Nous allions dans les bois cueillir des myrtilles et des fraises des bois, des fleurs, des noisettes et des champignons. Il n'y avait pas de magasins dans le hameau. Parfois, le camion du boulanger, du boucher ou du glacier passait dans la grand-rue, la seule rue. Pour le reste, nous allions dans les fermes environnantes, et parfois au marché de la ville voisine. On achetait peu, on cuisinait beaucoup. Mon grand-père jardinait comme un fou et ses légumes étaient magnifiques. Dans son garde-manger, ma grand-mère conservait œufs, fromages, salaisons, pommes et courges, quelques herbes sauvages, des petits gâteaux dans des boîtes en fer-blanc, du lait caillé dans des jarres. Je ne me rappelle pas s'il y avait un frigo, mais je me souviens qu'il faisait toujours bon dans ce lieu plein de promesses exquises. Puis j'ai pensé au garde-manger condamné qui existe encore sous la fenêtre de ma cuisine parisienne. J'ai toujours eu envie de le retaper pour m'en servir, mais les pigeons y ont élu domicile depuis quelques années. Tous les printemps, nous entendons les pigeonneaux qui roucoulent, juste derrière la cloison contreplaquée. J'ai décidé de les laisser tranquilles, et je me rabats sur mon vieux frigo.

Mais comme j'admire et j'envie Marie, capable de se lancer dans cette aventure ! Car il ne s'agit pas seulement d'un défi, mais d'une série d'explorations et de petits bonheurs au quotidien. Et de tout un symbole. Se débarrasser de cet appareil électroménager tellement ancré dans nos habitudes domestiques, engin volumineux et énergivore s'il en est, qui nous pousse à la surconsommation et au surplus, c'est chercher une nouvelle voie, des solutions alternatives, la frugalité, la simplicité. C'est s'inventer un nouveau mode de vie, en lien direct avec la nature, renouer avec des techniques de conservation ancestrales, mais aussi trouver des astuces très modernes. C'est se remettre en cuisine et apprendre à jouir du moment présent. Marie fait partie de ces personnes qui savent métamorphoser le presque rien en choses belles et bonnes. Recycler, réinventer, réutiliser, tout cela fait partie pour elle d'un processus créatif et ludique bien plus intéressant que consommer et entasser toujours plus. Elle me l'a confié : elle trouve son plaisir non dans l'achat mais dans le processus "de faire mieux avec moins".

Cette belle jeune femme doit avoir une très vieille âme pour être aussi sage. En tout cas, elle s'inspire constamment du savoir de nos anciens. Vivre sans frigo, une drôle d'idée ? Pas vraiment pour Marie pour qui c'est un nouveau pas vers une vie joyeuse, légère et délicieuse."

Camille Labro

Camille Labro est journaliste et auteure de livres et films documentaires, spécialisée dans la gastronomie. Elle écrit régulièrement pour *le magazine du Monde* et *Le Monde*. Elle a remporté le prix Les savoureuses au Salon international du livre gourmand de Périgueux pour son ouvrage *Fourche et Fourchette*.

Haro sur le frigo !

Malgré son arrivée assez récente dans les foyers, cet appareil inventé en 1876 par Carl von Linde à remarquablement modifié nos habitudes de consommation sur environ quatre générations. Érigé en véritable totem, celui qui est devenu le "ventre" de la maison affiche aujourd'hui impudemment photographies de famille, dessins d'enfants, numéros de téléphone importants et emplois du temps... On comprend alors que couper le cordon ne soit pas chose aisée.

" Poussez, madame, poussez... la porte. Mais bien sûr que vous allez y arriver ! Voilà... Allez monsieur, il va falloir couper le cordon maintenant ! "

Il est beau mon frigo, il est beau...

Distributeur de glaçons et de glace pilée, fontaine à eau fraîche filtrée, option connectée qui permet de détecter les produits à la date de consommation expirée... C'est entendu, les fabricants rivalisent aujourd'hui d'ingéniosité pour offrir une dimension affective à votre gros électroménager bien-aimé. Plus ou moins performant et imposant, il est un véritable symbole de réussite.

Par ailleurs, d'aucuns n'hésitent pas à élever l'objet au rang d'œuvre d'art. J'en veux pour preuve le modèle signé Smeg et Dolce Gabbana, ornementé de fresques peintes à la main, inspirées de scènes épiques médiévales et byzantines, d'une valeur (modique et grotesque !) de 37 671 euros. À ce prix-là, je doute fort qu'on s'amuse à aimanter ses petits papiers sur la façade !

Par ailleurs, nous avons désormais la possibilité de customiser notre frigo afin de lui conférer personnalité et caractère. Rien de tel, en effet, qu'un sticker réalisé à partir d'une photographie de caissettes de fruits et légumes frais pour donner l'illusion d'un retour de marché !

Savez-vous seulement que les frigos dits américains ont une consommation énergétique deux fois supérieure à celle des réfrigérateurs classiques ?

De plus, il est intéressant de constater que les réfrigérateurs les plus respectueux de l'environnement sont actuellement destinés aux pays dits en voie de développement !

Renseignements pris, à titre comparatif :

- **un frigo ordinaire coûte entre 300 € et 400 €, et consomme en moyenne 250 kW par an,**
- **un frigo américain coûte entre 500 € et 1 000 €, et consomme en moyenne 530 kW par an,**
- **le frigo du désert (voire page 78) coûte environ 50 € et ne consomme rien.**

Givré du bocal

En vérité, le frigo nous dicte aujourd'hui sa loi de la conservation, sous couvert de règles sanitaires, et c'est bien normal puisque nous lui avons confié nos estomacs. Il faut dire que les plats transformés que nous y entassons nous font gagner du temps et le temps, c'est... vous aurez deviné la suite !

N'y a-t-il rien de plus désolant pourtant que d'attraper des boites à la volée dans les rayons d'un supermarché, de vider son chariot sur un tapis roulant (à défaut d'être volant), de déverser de nouveau le contenu du susnommé caddie dans le coffre plus ou moins grand de sa voiture, pour enfin transvaser la totalité de ces produits dans une armoire à glace avec un grand A, hors de notre vue ?

Or, si nos modes de production et de consommation ont considérablement évolué ces dernières décennies, tout en ayant, soit dit en passant, été hautement remis en cause (reconversion des terres en biologique, permaculture, retour aux circuits courts, autoproduction, etc.), qu'en est-il de nos modes de conservation ?

À bien y réfléchir, on alimente un appareil en continu pour qu'un petit espace de quelques centimètres carrés reste toujours froid, et ce à l'intérieur de notre habitat que l'on chauffe en hiver, tandis que les températures extérieures avoisinent celle dudit appareil électroménager... sans compter que toutes les denrées que nous mangeons sont uniques et qu'elles devraient donc être traitées de façon indépendante.

Mine de rien, nous avons cru être soumis aux diktats du "consommer plus". Nous avons subi cette mécanique négative du "acheter, jeter, racheter" en suivant bien les DLC (fameuses dates limites de consommation, dictées par les industriels eux-mêmes) et avons constaté ses conséquences sur notre environnement et notre santé. Résultat des courses ? Le frigo nous rend passifs. Les produits qui hibernent en son sein s'avalent plus qu'ils ne se mâchent. Nos goûts s'appauvrissent, se polissent, se standardisent, au point que nous en oublierions l'essentiel : le plaisir de faire et de manger !

L'absence de réfrigérateur inviterait-elle à redevenir des faiseurs (les amateurs d'anglicismes diraient des *makers*) ? Outre le bonheur de faire de nouveau les choses soi-même, la décision facétieuse de renoncer à la réfrigération permettrait-elle de reprendre la main sur son alimentation et sur la santé de son foyer ?

Et le fameux temps dans tout cela, celui après lequel nous courons sans arrêt ? Ne gagnerions-nous pas à en perdre de nouveau un peu à acheter mieux (local, bio, frais, de saison...), à tisser des liens avec les producteurs voire à cultiver nous-mêmes quelques denrées, à cuisiner et, in fine, à prendre le temps de vivre en savourant un plat maison autour d'une grande tablée ?

À chacun de se faire son idée...

À noter : le 14 octobre 2016, les dirigeants de 197 états se sont mis d'accord pour supprimer progressivement les gaz hydrofluorocarbures (HFC), présents dans les réfrigérateurs et les climatiseurs et dont l'effet de serre est très puissant (14 000 fois plus que le CO_2). Leur suppression progressive pourrait éviter jusqu'à 0,5 °C d'augmentation du réchauffement climatique d'ici à 2100 et, ainsi, permettre de réaliser un quart de l'objectif de 2 °C fixé par l'Accord de Paris sur le climat, selon une étude publiée en 2015 par l'Institut pour la gouvernance et le développement durable (IGSD). La plupart des pays d'Europe ouvriront le chemin. Le groupe ambitieux de pays en voie de développement, qui inclut la Chine, a décidé de geler sa production d'ici à 2024. Silence radio du côté de notre cher Donald Trump !

Micro-Frigo

Certaines initiatives interrogent, par ailleurs, l'utilité de posséder un réfrigérateur par foyer comme *www.partagetonfrigo.fr*, qui propose un guide pour "Installer un frigo collectif", des étiquettes, des sachets kraft de partage, ainsi que des affichettes de recommandation. En effet, on peut désormais installer un frigo collectif au sein de son immeuble, de son bureau, d'une association, d'une école, d'une épicerie… une vraie zone de partage ! L'association propose également de collecter des aliments périssables entre particuliers par le biais de son application web et mobile qui organise des "apéros frigos". Une belle initiative pour réduire le gaspillage alimentaire et réduire de façon significative sa consommation énergétique.

Peut-être avez-vous également entendu parler des réfrigérateurs Foodsharing, éparpillés dans Berlin, ou de la fabuleuse initiative de Pauline Minu, propriétaire du restaurant Pappadavada, en Inde, et du réfrigérateur dans lequel elle entrepose les aliments non consommés par ses clients, surnommé "L'arbre de bonté", qui permet le libre accès à ces denrées alimentaires.

Enfin, savez-vous qu'il existe des réfrigérateurs-congélateurs solaires ? Ces ovnis génèrent moins de chaleur, font moins de bruit, préservent les aliments jusqu'à trois fois plus longtemps que les frigos conventionnels à haute efficacité énergétique, et peuvent durer jusqu'à 60 % plus longtemps ! Leur seul défaut ? Leur prix ! Comptez entre 1 400 € pour un combi d'une capacité de 200 litres et 2 000 € pour une capacité de 280 litres. Force est de reconnaître toutefois que c'est durant la saison chaude que nous avons le plus besoin d'un endroit de stockage frais.

À noter : *saviez-vous que la manufacture de bocaux français Le Parfait a imaginé une plateforme d'échanges et de prêts de conserves ainsi que de stérilisateurs, et de trocs de pots de confiture, conserves de légumes et terrines de campagne ?*

Aussi, guidés par le bon sens, certains avant-gardistes décident de débrancher leur réfrigérateur le temps de la saison froide, pour le remettre en marche au retour des beaux jours. Reste à imaginer pour cet objet une autre utilité le temps de la saison froide ! Rangement à chaussures ? Non, l'hygiène nous le défend ! Coffre-fort ? Oui, si on équipe l'appareil d'un cadenas ! Cave à vins ? Pourquoi pas ?

" Encore une idée foutraque de bobo ! " objecteront certains. Pas si sûr, à en croire les chiffres en progression constante.

Néanmoins, loin de moi l'idée d'obliger les plus "frileux" à débrancher et à se débarrasser de leur frigo contre leur gré. Seulement, peut-être que ce livre leur donnera envie de troquer leur modèle XXL contre un mini-frigo ou une glacière, moins énergivores.

Si tel était votre choix, n'oubliez pas que l'appareil fonctionne grâce à des gaz frigorigènes, qui sont dangereux pour l'environnement, que ce soit le fréon ou les hydrofluorocarbones, et qu'il est, de fait, conseillé de ne pas brutaliser ledit appareil, afin de ne pas laisser les gaz s'échapper. Aussi, maniez-le avec grande précaution et ne tentez pas de le démonter vous-même.

Quelques conseils pour celles et ceux qui souhaiteraient conserver un petit équipement

- *Sélectionnez le produit qui correspond à vos besoins et à la taille de votre famille (un appareil de grande capacité consomme évidemment plus d'énergie).*
- *Évitez d'encastrer l'appareil ou de le placer trop près du mur, afin que l'air circule bien et que le compresseur travaille moins.*
- *Évitez la proximité avec une source de chaleur (fenêtre, four, plaque de cuisson radiateur, poêle...). Installez, si possible, l'appareil dans une pièce plus froide (arrière-cuisine, cellier...).*
- *Ne chargez pas trop votre "chambre froide".*
- *Respectez les indications concernant les compartiments (légumes, viande, poisson...).*
- *Entretenez régulièrement votre mini-frigo : nettoyez-le (si vous utilisez une éponge, désinfectez-la au préalable avec du vinaigre, car une éponge chargée de bactéries ne ferait que les répandre sur les parois), vérifiez les joints, ôtez l'eau stagnante et dégivrez le congélateur au minimum deux fois par an.*
- *Ne laissez pas la porte ouverte trop longtemps (remplissage, grignotage, nettoyage...), sous peine de voir votre consommation d'électricité grimper en flèche.*
- *N'hésitez pas à débrancher votre appareil quand vous partez en vacances, portes ouvertes, à condition de l'avoir préalablement vidé entièrement et d'avoir disposé quelques serpillières au cas où.*
- *Dernière chose : ne déposez surtout jamais de plats chauds dans votre frigo. La chaleur provoque en effet une condensation nuisible à vos aliments. À l'inverse, tâchez d'écourter au maximum le temps du refroidissement, par exemple, en divisant le plat en plusieurs portions dans différents contenants ou en immergeant celui-ci dans un saladier plein d'eau froide*

MES 10 COMMANDEMENTS
pour (sur)vivre "sans frigo"

– 1 –

Produits frais et non transformés, circuits courts et agriculture biologique tu favoriseras. Marchés, Amap, Ruche qui dit oui, fermes, cueillettes, l'embarras du choix tu auras. Chariots et sacs plastique tu banniras (450 ans pour dégrader ces satanés sachets qui ont pour effet, entre autres, d'étouffer l'ensemble des aliments et d'accélérer leur pourrissement) au profit d'un panier en osier, de pochons de coton réutilisables et de cabas.

– 2 –

Ton panier de fruits et légumes frais, locaux, de saison (aussi biscornus et terreux soient-ils) plus souvent tu rempliras.

– 3 –

Ta consommation de viande, de poisson, de produits laitiers, de gluten... tu diminueras (démarche bénéfique pour notre santé et celle de notre planète). La qualité, dès lors, tu privilégieras (rappelons que le bétail qui a pâturé est hautement plus riche en acides aminés que ces pauvres bêtes dopées au soja n'ayant jamais connu que l'obscurité). Saucisson, jambon sec, conserves de sardines et de maquereaux (d'autant que ces petits poissons ne sont pas hautement contaminés en mercure comme leurs congénères de grand gabarit : thons, saumons, etc.) dénichées en conserveries artisanales (magasins fermiers ou rattachés à une pêcherie qui se chargent eux-mêmes de la transformation) tu privilégieras.

– 4 –

Une relation directe avec les aliments tu retrouveras et à tes sens tu te fieras. Oui, laitues et endives continuent de pousser au contact de l'eau. Oui, les pommes flétrissent. Oui, les pommes de terre germent. Oui encore, les produits fermentés se colorent à mesure que les mois passent. N'est-il rien de plus beau que de voir évoluer le vivant naturellement ? Car qui dit cire ou vernis dit supercherie.

– 5 –

Le gaspillage alimentaire tu limiteras. Quand on a un frigo, on le remplit au point de ne plus pouvoir le refermer, par peur de manquer. Sauf que stocker et cacher la nourriture, c'est inévitablement jeter des produits non consommés. Dans le doute de la "présomption de péremption", nous jetons aujourd'hui pour un oui ou pour un non. In fine, des étagères à moitié pleines plutôt qu'un réfrigérateur à moitié vide tu verras.

– 6 –

Les quantités servies à chaque bouche tu adapteras. Point trop n'en faut pour les petits estomacs.

– 7 –

Fruits et légumes avancés tu transformeras. Rien de tel qu'une délicieuse confiture, des fruits au sirop, de la compote, de la sauce tomate... – maison – pour braver les changements de saison sans "coup de Calgon", en plus du sentiment d'avoir réalisé une bonne action.

– 8 –

À donner tu n'hésiteras pas. Départ en vacances, restes d'un délicieux plat mijoté, repas pantagruélique de famille... toutes les occasions seront bonnes pour partager avec parents, amis, voisins.

– 9 –

Le frémissement d'un plat qui mijote ou le crépitement d'un feu de bois au vilain bruit de moteur d'un réfrigérateur tu préféreras, et la corvée de nettoyage hebdomadaire de ses étagères tu t'épargneras.

– 10 –

Le fruit du travail des hommes et de Dame Nature tu respecteras. Un produit chouchouté est incontestablement un aliment meilleur au palais, tout bon cuisinier vous le dira. Enfin, à la créativité et à la joie tu t'abandonneras. Rien de plus jouissif que de se mettre au défi et d'apprendre à l'infini.

Bon vieux garde-manger

“Mais comment diantre faisaient nos aïeux, avant que ce bougre ne fasse irruption dans nos maisons ?” C’est l’autre question que je me suis benoîtement posé et grand bien m’en a pris !

Autrefois, les familles disposaient d’une pièce dédiée à la conservation des aliments, un lieu obscur, frais et ventilé, placé du côté nord de la maison. On l’appelait cellier, caveau, laiterie, cave, garde-manger, chai, souillarde selon les régions.

“ Nos ancêtres plaçaient fruits et légumes dans cet espace à la température stable afin de les consommer pendant tout l’hiver. Des murs épais, en pierres et éventuellement blanchis d’un badigeon de chaux aux vertus désinfectantes, les protégeaient du gel ainsi que du développement des bactéries. Au plafond de la cuisine se trouvaient des barres de bois, des claies à claire-voie, tandis qu’une étagère en bois permettait de conserver pain, noix, châtaignes, fruits... La cheminée, autrefois noyau de la maison, foyer central, permettait quant à elle d’avoir accès en permanence à la cendre. Au plafond, les vessies servant à stocker haricots ou tabac : pochons de grains, chapelets d’oignons, pommes... ”*

En ce qui me concerne, d’aussi loin que je m’en souvienne, j’ai toujours vu mes grands-parents entreposer leurs aliments à la cave, dans la laiterie et au grenier. À la cave, bouteilles de vin, de cidre et de calva mais également pommes de terre, carottes, endives et autres denrées fraîchement déterrées hibernaient paisiblement tout l’hiver durant. Je me souviens encore de l’odeur de champignon qui me prenait au nez quand j’empruntais le petit escalier de guingois qui y menait. Bocaux de cerises, pêches, mirabelles, fraises et autres petits fruits macéraient, quant à eux, tranquillement dans l’alcool. Tandis que le vinaigre, les conserves de haricots verts, la baratte de beurre, les fromages et seaux à lait reposaient sagement sur les étagères de la laiterie. Enfin, tilleul, thym et autres bouquets d’aromates, noix et noisettes séchaient sur du papier journal dans le grenier.

Peut-être avez-vous connu, vous aussi, quelques-unes de ces méthodes de conservation naturelle ?

Aussi, n’y aurait-il donc pas un endroit dans votre habitation où stocker vos fruits et légumes, à l’instar de la cave ou du grenier d’autrefois, afin de ralentir le processus de putréfaction ? Si, à n’en pas douter ! Un coin sombre de votre appartement (voire un balcon exposé au nord) ou de votre maison, relativement humide et frais, fournit toutes les conditions idéales pour conserver vos denrées achetées si possible en circuits courts ou, mieux encore, vos propres productions ! À moins que vous ne possédiez une armoire, un placard disposé le long d’un mur extérieur de votre domicile ? Peut-être un coin sombre (une entrée, un cellier, etc.) pourrait-il faire office de garde-manger ? Et que dire d’une pièce au-dessus du garage, du grenier non chauffé ou du cabanon niché au fond du jardin ?

Si cet endroit ne remplace pas complètement votre appareil électroménager (encore une fois, je ne souhaite forcer la main de personne), peut-être qu’il pourra vous permettre de stocker quelques denrées.

*Source : *Marie-Josèphe, Paysanne en Haute-Bretagne*, Pierre Amiot, 1986.

Quant aux techniques de conservation des aliments, vieilles comme le monde, elles se transmettaient autrefois de génération en génération par la tradition orale.

Si certaines opérations de conservation étaient effectuées par la maîtresse de maison, d'autres, plus physiques, étaient réservées à l'homme du foyer. Ainsi, à la première et simple méthode de séchage ont succédé les procédés de salaison, de conservation par le sucre (confitures) et de fermentation (vin, fromage, choucroute...).

La conservation des aliments débutait dès le mois de juin et s'étendait jusqu'au mois de décembre afin d'affronter les longs mois d'hiver sans crainte de manquer. La viande de cochon devait être dans le saloir, le jambon et le lard dans le fumoir, le saindoux dans les pots, l'huile dans les cruches, la farine dans le coffre, les pommes dans la cave, les fruits secs dans les boîtes, l'eau-de-vie dans les bonbonnes... Le lait, lui, était plutôt considéré comme une matière première "à transformer", en en faisant par exemple du fromage blanc ou frais. Le petit-lait qui en résultait était consommé comme boisson ou utilisé pour conserver la viande, le poisson ou le beurre. En effet, l'acide lactique qu'il contient ralentit voire stoppe la prolifération des bactéries. Il est important de rappeler que le lait était saisonnier et que les vaches n'en produisaient pas en hiver. Il fallait donc conserver les produits laitiers transformés le reste de l'année. On a ainsi retrouvé en Irlande du beurre datant du haut Moyen Âge dans des pots en bois enterrés dans les tourbières.

Qui plus est, il ne fallait pas entamer trop tôt les provisions ; il fallait se servir avec parcimonie pour faire durer les réserves.

La nourriture était sacrée et considérée comme un don du ciel.

Gaspillage alimentaire

Bien conserver ses aliments est évidemment la clé pour éviter de gaspiller. Or, doit-on rappeler que selon le ministère de l'Agriculture chaque Français jette en moyenne 20 kg d'aliments par an, soit 21 % des aliments achetés, et que parmi ceux-ci 50 % sont des fruits et des légumes ? Plus surprenant encore, 30 % de ces aliments sont jetés avant même d'avoir été déballés. En somme, nous, Français (cocorico !) jetons ainsi en moyenne 1,2 million de tonnes de nourriture encore consommable chaque année !

" Des champs à nos maisons, les pertes en nourriture représentent environ un tiers des aliments produits mondialement... "

C'est dans les vieux pots...

Il est désormais extrêmement facile pour tout un chacun d'acheter à peu près n'importe quel ustensile en un clic via Internet ou dans les grandes surfaces, et beaucoup ne se posent même plus la question de savoir d'où cela vient ni même comment cela a été fabriqué... Et c'est bien dommage !

Cependant, comme beaucoup d'entre nous, j'ai remarqué la recrudescence et la demande toujours plus importante du do-it-yourself et des produits de qualité, faits mains par des artisans qui aiment leur métier. Serait-ce une prise de conscience collective ?

Exit le plastique (boîtes, film étirable), l'aluminium, le Teflon® qui peuvent contenir des composants nocifs et cancérigènes ou des perturbateurs endocriniens, et qui ne laissent pas respirer les aliments à conserver ! Introduisons de nouveau la terre cuite, l'émail, le cuivre, le bois, le verre dans notre cuisine.

On trouve encore des ustensiles de conservation fabriqués à partir de ces merveilleux matériaux naturels sur les marchés aux puces, dans les entrepôts Emmaüs, les boutiques de troc et chez les antiquaires... N'hésitons donc pas à chiner nos ustensiles et à leur offrir une nouvelle vie. En effet, la plupart de leurs versions modernes sont de moindre qualité que leurs aînées, sans parler de l'obsolescence programmée !

C'est entendu, par le passé les idées de surconsommation et de production bon marché étaient encore inexistantes. Au contraire, on possédait peu de chose mais plus belles, de bien meilleure qualité et qui duraient des années. Mieux vaut ainsi n'avoir qu'une seule cuillère en bois, une seule louche, un seul couteau... mais le bon à chaque fois. Cette sobriété heureuse incite, de surcroît, à apprécier ses ustensiles à leur juste valeur et à en prendre le plus grand soin.

Si les ustensiles d'un autre âge que vous croisez, chargés de mémoire et d'histoire, sont sales, rouillés et en mauvais état, ne les boudez pas pour autant. Avec un minimum d'efforts, vous pourrez les (re)valoriser afin qu'ils soient comme neufs !

Matériaux qui envoient du lourd...

Prenons par exemple un objet en fonte. Éliminez d'abord la rouille de la surface avec de la laine de verre avant de le remplir à moitié d'eau puis de la faire bouillir une dizaine de minutes, afin d'éliminer le reste des saletés. Laissez refroidir. Versez ensuite un peu d'huile, ainsi qu'une poignée de gros sel ou une coquille d'œuf réduite en morceaux (aux propriétés abrasives), afin de le décaper. Nettoyez enfin avec une eau légèrement savonneuse avant de rincer et d'essuyer l'objet. Si toutefois les saletés n'étaient pas toutes parties, versez de nouveau de l'huile dans le contenant puis passez-le au four à 180 °C pendant 1 heure. Laissez refroidir avant de décoller les dernières impuretés. N'oubliez jamais que la fonte, tel le bon vin, ne fait que s'améliorer avec les années et que pour la voir se culotter, il est indispensable de l'enduire d'huile après chaque utilisation.

En ce qui concerne les contenants en verre, collectionnez bocaux et dames-jeannes pour faire fermenter vos aliments et confectionner votre propre bière ou votre kombucha, en privilégiant ainsi le verre au plastique. Le verre revient, en effet, en force grâce à des fabricants farouchement décidés à le relancer, tels que Pyrex, Duralex ou encore Le Parfait. Pratique, très peu coûteux et non toxique, le matériau, qui joue la tranparence, a décidément tout pour plaire. Notez toutefois qu'il est préférable d'opter pour sa version sans pigments de couleur ni peinture. Si vous souhaitez donner un coup d'éclat et de brillance à vos contenants glanés çà et là (on en trouve extrêmement facilement chez Emmaüs, sur Le Bon Coin, etc.), frottez-les simplement avec des zestes de citron et quelques gouttes de vinaigre ménager.

Si les pots en grès se font très rares dans les vide-greniers, c'est certainement dû à leur extrême durabilité. Si vous croisez ce basique de la conservation des aliments, ne réfléchissez pas à deux fois avant de l'acheter, il saura vous accompagner toute votre vie. Très ancienne, la terre est en effet un peu passée de mode. Pourtant, cocottes et poêlons ont l'avantage de ne dégager aucune substance toxique et de nous faire bénéficier de leur porosité. Comme ils sont faciles à nettoyer, vous n'aurez aucun mal à les raviver.

Écologique, antibactérien, le bois est utilisé depuis des siècles pour conserver les aliments. Poissons et viandes salés, vins et autres denrées lui ont jadis donné ses lettres de noblesse. En palettes, cagettes, caissettes, il demeure le support idéal pour transporter et conditionner des fruits du fait de sa résistance au froid, à l'humidité et de sa régulation thermique et hygrométrique.

Néanmoins, il est essentiel de nettoyer régulièrement ses contenants en bois (avec une brosse et du savon) et de les sécher (si vous les laissez mouillés, le bois risque de travailler) afin d'éviter toute prolifération bactérienne, voire de les enduire d'huile. N'utilisez pas d'huile d'olive, elle rend les planches collantes et sales, mais de l'huile d'amande ou de pépins de raisin.

Il va également sans dire que les matériaux utilisés dans la fabrication et la conservation auront une incidence évidente sur le goût des aliments. Il suffit d'énumérer quelques-unes de nos spécialités hexagonales – cassoulet, choucroute, piperade, confiture au chaudron, baeckeoffe – pour s'en rendre compte. Ce n'est sans nul doute pas par hasard si certains d'entre nous cuisinent dans les poêles et poêlons de leurs grands-mères ! Outre le fait que ces ustensiles à la patine rustique constituent un choix bien plus écologique que leurs avatars modernes, j'aime l'idée de les garder pour toujours et, pourquoi pas, de les transmettre à ma progéniture qui les aura connus depuis sa plus tendre enfance. Oh ! oui, puissent-ils devenir un petit patrimoine familial !

De facto, je n'aurai dans ce livre de cesse de partager ma vision sur le bien-fondé d'investir dans de la qualité (alternative compatible avec la récupération et les objets de seconde main) plutôt que dans ces nouveaux matériaux modernes dont les dénominations, souvent imaginées par les fabricants, n'ont pour objectif que de vous inciter à l'achat récurrent. L'adage populaire n'affirme-t-il pas que " c'est dans les vieux pots qu'on fait les meilleures soupes " ?

Par ailleurs, économiser parfois pour s'offrir un bien neuf, de très bonne qualité, garantit, la plupart du temps, d'en jouir tout au long de sa vie.

Être attentif aux objets de conservation, aux matériaux et à leurs propriétés optimisera la conservation de vos aliments et ravira au quotidien, à n'en pas douter, vos yeux, ceux des membres de votre famille et ceux de vos invités.

Objets à chiner

Ceci est une compilation exhaustive des objets à rechercher en priorité lors de votre prochaine brocante ou de votre prochain vide-grenier, à moins que vous ne préfériez les fabriquer... sait-on jamais !

Saloir à beurre, lard,
haricots verts, harengs

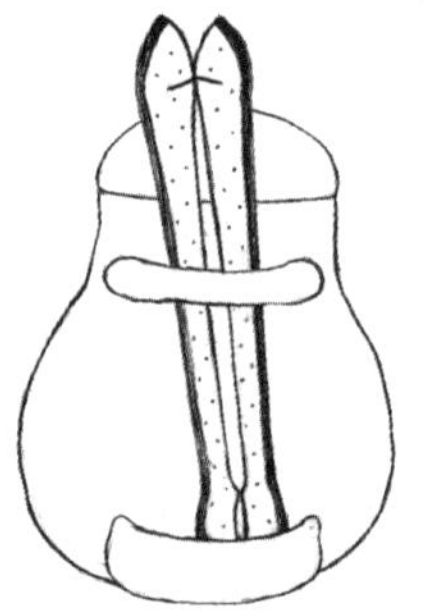

Pot à cornichons

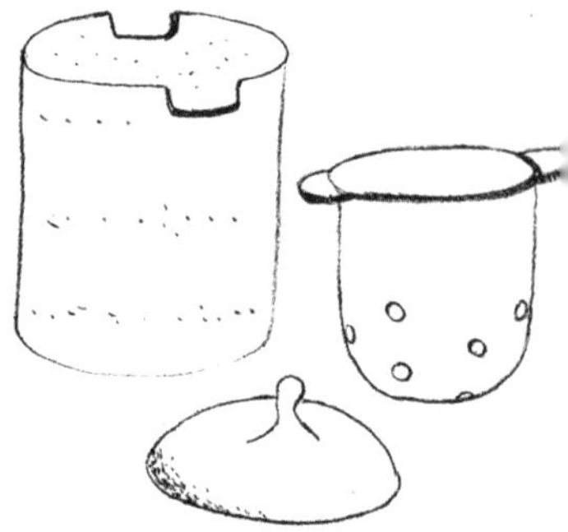

Pot de fromage /
passoire à fromage / Faisselle

Bonbonne en verre soufflé
(également appelée dame-jeanne)

Beurrier à eau

Pot de yaourt
en grès

Cloche ou cave
à fromages

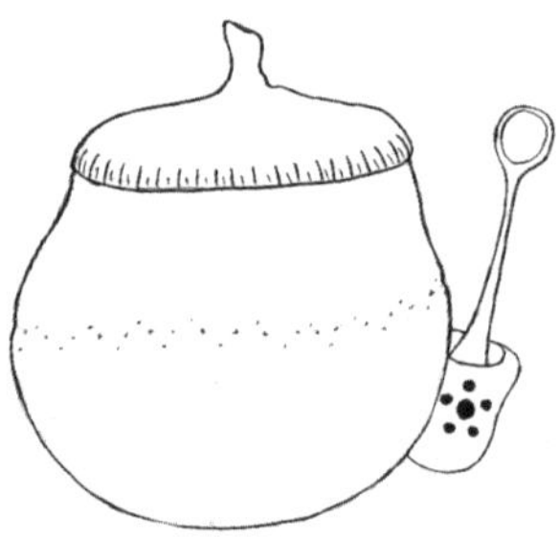

Main à sel

Boîte
ou sac à pain

Clayette pour fruits et légumes

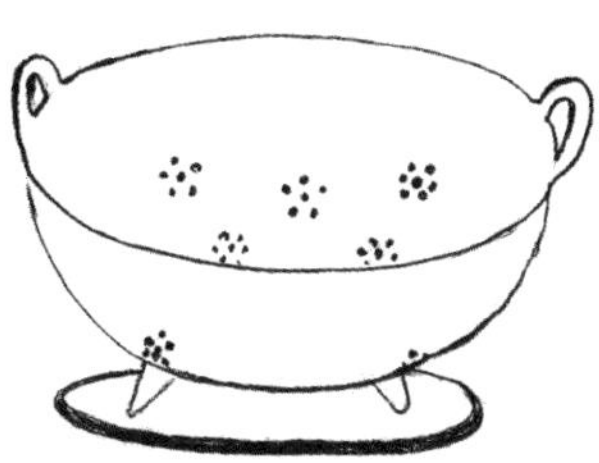

Petite passoire à fruits / bol égouttoir en céramique

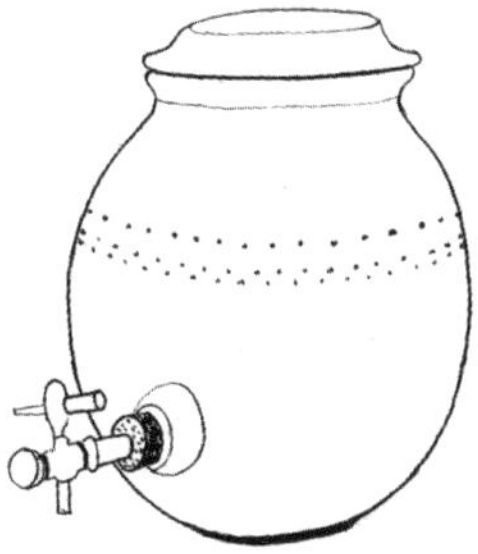

Vinaigrier

Cruchon à huile

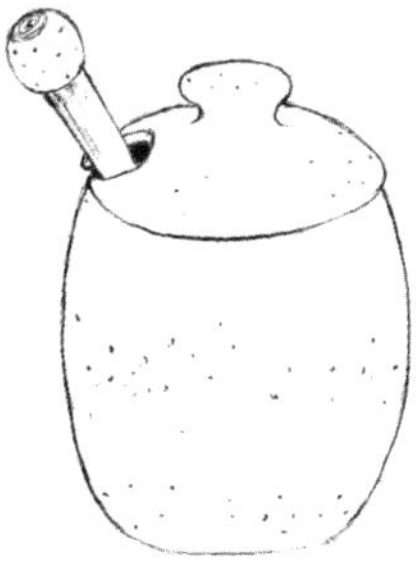

Moutardier

Pot à ail, et à échalotes

Torchon en lin ou en chanvre

Bocal en verre

Pot de lacto-fermentation

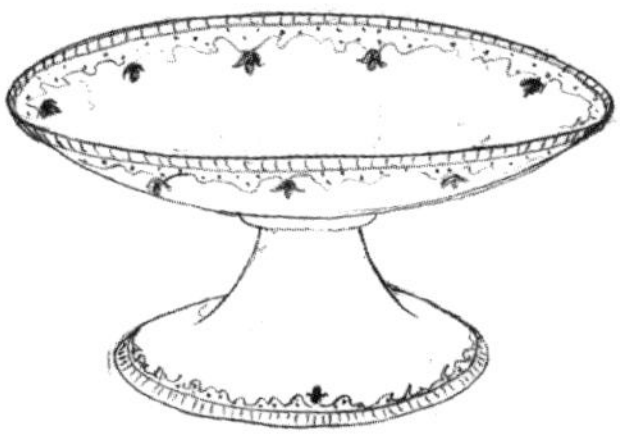

Compotier

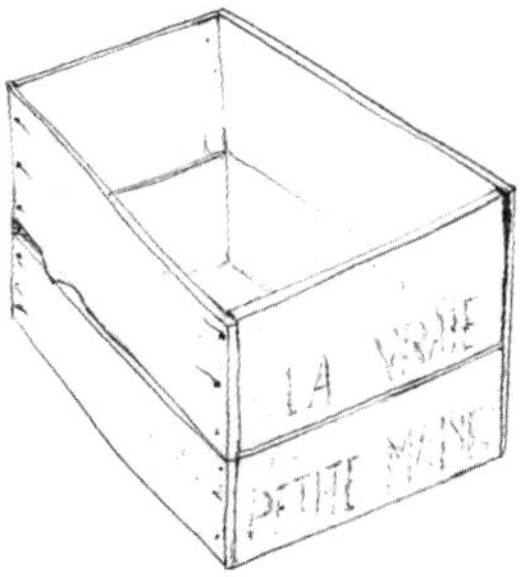

Caisse à vin, caisse de maraîcher

Illustrations de Pascale Moteki

*"On éprouve
une incroyable satisfaction
à récupérer ce qui
a été jeté pour le transformer
et en faire un objet
du quotidien que l'on
chérit ensuite."*

Petits préliminaires

- *Optez pour des fruits et légumes issus de l'agriculture biologique. N'oubliez pas que c'est de votre santé qu'il s'agit ! Les autres subissent des traitements lors de leur culture avant de passer par plusieurs tunnels de douches antifongiques une fois récoltés. Des pommes lambda subiraient, en effet, quelque 36 traitements par an ! Enfin vient la fameuse étape du cirage, également appelée enrobage, à la sauce fongicide par un système de va-et-vient. Cette ultime étape leur confère une belle brillance, tellement plus vendeuse.*

- *La meilleure conservation commence par l'achat. Il est important de savoir que les fruits et légumes qui n'ont connu aucune réfrigération se conserveront bien plus longtemps. Raison de plus de privilégier les circuits courts à la grande distribution !*

- *Pensez à panacher fruits et légumes matures afin de les consommer rapidement, et un peu verts pour les laisser mûrir gentiment. De fait, gardez à l'esprit qu'il est inutile d'attendre pour faire mûrir oranges, clémentines, citrons et pamplemousses (fruits dits non climactériques) qui, contrairement aux pommes, poires, kiwis, avocats (qualifiés de climactériques), sont cueillis à maturité, ne contiennent pas d'amidon et ne nécessitent aucun délai d'affinage avant consommation. Un agrume parvenu à maturité est lourd et son écorce parfumée. C'est également le cas des fraises, des cerises et du raisin.*

- *Pour mieux les conserver, ne lavez pas les légumes. Gardez la couche de terre ou de sable qui les enveloppe, car elle a un effet protecteur. Par contre, prenez soin d'ôter scrupuleusement la terre des légumes juste avant de les cuisiner, car une cuillerée à café de terre peut contenir un milliard de micro-organismes.*

- *Pour conserver vos fruits plus longtemps, rincez-les avec de l'eau vinaigrée (vinaigre blanc ou d'alcool). Le vinaigre blanc, en plus de faire fuir les petites bêtes indésirables, permet de limiter le pourrissement et de prolonger la conservation. Effectuez plusieurs bains si nécessaire ! Cette astuce du "bain de vinaigre" est également valable pour un poulet qui commence à "sentir". Il vous suffit, dans ce cas, de plonger votre gallinacé au pronostic de consommation engagé pendant quelques heures dans une eau vinaigrée.*

- *Ne lavez pas ou très peu les petits fruits fragiles (fraises, framboises, groseilles, myrtilles, arbouses et autres), au risque de les écraser.*

- *Lavez vos herbes aromatiques juste avant de les utiliser, sinon vous risquez de les voir faner voire pourrir. Reste à les déposer dans un torchon humidifié ou directement les pieds dans l'eau, comme un bouquet de fleurs.*

- *Les œufs se conservent très bien à l'air libre, seulement attention, ils ne supportent pas les conditions humides, chaudes ou tièdes ! Aussi, disposez-les toujours dans un endroit sec et tempéré (entre 5 et 15 °C), à l'abri de la lumière. Vérifiez impérativement la coquille, qui doit être intacte, avant de les consommer.*

- *Pour ce qui est des fruits de mer, considérés comme des produits d'une extrême fragilité, mieux vaut les déguster aussitôt achetés (ou sur un plateau au restaurant). Idem pour le poisson : mieux vaut l'acheter à la criée ou chez le poissonnier et le consommer dans la foulée. N'oubliez jamais de rincer le poisson et les crustacés avant consommation.*

- *Si vous êtes flexitarien et que vous mangez donc de la viande de façon très occasionnelle, passez la prendre chez votre boucher juste avant de la consommer. Votre steak non réfrigéré affichera une plus belle couleur et profitera d'une meilleure cuisson. Par ailleurs, on peut faire vieillir les viandes rouges durant de longues périodes dans des armoires de vieillissement (suivant l'acidité du produit, à une certaine température, avec un certain taux d'humidité...), seulement faut-il apprécier la goût de la viande maturée (dite rassise).*

BA-BA des associations

L'avocat aime la compagnie des fruits. Une pomme et une banane bien mûres feront mûrir rapidement un avocat ou une pêche un peu trop durs.

Si vous souhaitez freiner le mûrissement de vos kiwis, éloignez-les des pommes et des bananes, qui dégagent beaucoup d'éthylène, gaz qui accélère la maturation des fruits. Attention toutefois, le kiwi a également la particularité de s'imprégner des odeurs qui l'entourent.

N'entreposez jamais de coings avec des poires, car ils gâteraient leur saveur et, dans une moindre mesure, celle des pommes aussi.

Pommes de terre, pommes et oignons ne font pas bon ménage, aussi mieux vaut éviter de les conserver à proximité les uns des autres. En effet, tous trois produisent des hormones végétales, sous forme de gaz, qui oxydent les autres végétaux. Cela a pour effet de faire pourrir les autres fruits et légumes, ce qui est démultiplié si, par malheur (ou manque de place), vous les entreposez ensemble. Il est donc impératif, afin d'optimiser leur conservation, de les isoler dans des endroits différents (clayettes, caisses, etc.).

Ne disposez, par ailleurs, jamais vos agrumes avec un ananas, ce dernier nuirait à leur conservation.

La propreté, c'est sacré !

Veillez surtout à toujours bien vous laver les mains. Ce geste minimise les risques de transmission de maladies. De même, ustensiles, planche à découper et couteaux doivent être nettoyés au savon et à l'aide d'une brosse à chaque étape. Par exemple, après avoir découpé un poulet cru, nettoyez votre planche avant d'émincer ail ou oignon, surtout si la planche arbore des traces de découpe, car des bactéries pourraient s'y loger.

La température est un point essentiel du développement des bactéries, toutefois le froid ne stérilise pas le produit. Cela signifie que les bactéries sont seulement "inactives" le temps que durent la réfrigération ou la congélation ! Si le froid permet de ne pas amplifier le développement des bactéries, il ne garantit pas de ne pas tomber malade, car certains éléments pathogènes agissent même à faible dose.

Les virus, quant à eux, se servent simplement des aliments comme moyens de transport jusqu'à votre intestin. En d'autres termes, le passage au réfrigérateur ne tue pas le parasite présent dans votre morceau de viande ou de poisson, d'autant que rares sont les grandes surfaces qui respectent les températures recommandées sur les emballages et qu'une famille de quatre personnes ouvre et ferme la porte du réfrigérateur près de soixante-dix fois par jour, ce qui a pour conséquence d'importantes variations de température.

Se passer du réfrigérateur, d'accord, me répondrez-vous ! Mais n'est-il pas risqué de briser la sempiternelle chaîne du froid ? Et, surtout, comment optimiser la conservation de ses aliments autrement ?

Soumise au temps, une denrée alimentaire a, en effet, naturellement tendance à se dégrader. À l'origine de cette dégradation :

- les enzymes naturellement présentes dans nos aliments, qui se nourrissent de leurs cellules, provoquant leur pourrissement ;
- la présence d'eau et de sucre, éléments qui optimisent le développement des bactéries ;
- la chaleur et l'oxygénation, qui altèrent les nutriments et accélèrent la décomposition.

Il existe heureusement de nombreuses méthodes de conservation pour protéger les aliments et ainsi bloquer l'action des micro-organismes susceptibles de se développer. Seulement, celles-ci doivent respecter les produits afin que ces derniers ne perdent ni nutriments ni saveur, tout en écartant bien évidemment tout risque de contamination.

Et la congélation, dans tout cela ?

Que vous conserviez un mini-frigo ou que vous ayez décidé de l'éradiquer, peut-être n'abandonnerez-vous pas la congélation. Elle permet en effet de conserver petits restes et surplus de production et d'avoir toujours sous la main quelques mets d'avance. En ce qui concerne son usage et ses possibilités, si nous rafraîchissions un peu nos mémoires ?

Que se passe-t-il exactement quand on congèle des aliments ? Réponse : l'eau présente dans ceux-ci se transforme en cristaux de glace. Ce froid intense ralentit (sans pour autant l'arrêter) la dégradation des aliments. Néanmoins, si la congélation force les bactéries à hiberner, elles reprennent vies et sont susceptibles de se multiplier à la sortie !

C'est pourquoi nous devons rester vigilants quand vient le moment de congeler ou de décongeler. Voici donc quelques astuces de base pour opérer en toute sécurité :

- Vérifiez la température de votre congélateur, qui doit se situer autour de -18 °C.
- Refroidissez toujours vos mets avant de les congeler. Plus ils atteignent rapidement la température de congélation mieux c'est. Pourquoi ? Parce que les cristaux qui se forment alors sont de plus petite taille, et qu'ils épargnent les cellules de vos aliments.
- Divisez la recette en petites portions dans des contenants idoines pour la congélation ou dans des sachets prévus à cet effet (en prenant soin de retirer le plus d'air possible avant de les refermer). Tâchez de ne pas trop remplir vos contenants, car le gabarit des aliments augmente en gelant.
- N'entreposez jamais les aliments dans leur emballage d'achat, car ceux-ci ne sont pas suffisamment imperméables à l'air. De même pour les restes, mieux vaut éviter de les congeler dans leur plat de cuisson.
- Identifiez toujours le contenu de vos sacs ainsi que la date de congélation de ceux-ci.
- Ne recongelez jamais une viande crue sans l'avoir fait cuire auparavant. Une fois qu'elle est cuite, vous pourrez, par contre, la reconditionner au congélateur.
- Ne décongelez jamais, au grand jamais, un aliment ou un plat à température ambiante, car tout chaud-froid/froid-chaud favorise la croissance de bactéries. Si vous possédez un mini-frigo, disposez l'aliment à l'intérieur jusqu'à décongélation complète. Sinon (ou si vous êtes pressé), deux possibilités s'offrent à vous :
  - le four à micro-ondes et sa fonction décongélation ;
  - l'évier rempli d'eau froide, dans lequel immerger l'aliment enfermé dans son contenant hermétique (bocal, plat en verre, sac de congélation...), sur lequel vous poserez un objet lourd, pour le maintenir dans sa position le temps de la décongélation, en prenant soin de changer l'eau régulièrement afin que celle-ci demeure bien froide.

ALIMENTS QUI SE CONGÈLENT

Outre vos restes de quiches, pizzas, lasagnes... saviez-vous qu'il était possible de congeler du beurre en morceaux, du pain, de la farine, de la crème fraîche, des yaourts, du fromage, de la vinaigrette (à base d'huile et de vinaigre seulement), des soupes, des bouillons, des sauces tomate, des pâtes à pain, à pizza, à tarte, à biscuit crues... ainsi que des crêpes, gaufres, gâteaux, biscuits cuits, des coulis, des crèmes...

À savoir : *de manière générale, mieux vaut consommer l'ensemble de ces produits dans les 3 mois qui suivent l'étape de congélation. S'ils peuvent être consommés sans risque au-delà de cette durée, ils peuvent perdre de leur qualités nutritionnelles, de leur texture, de leur couleur et de leur saveur.*

Par ailleurs, blanchir (en les plongeant dans de l'eau bouillante quelques minutes avant de les refroidir) les légumes : asperges, betteraves, carottes, haricots, petits pois, poireaux avant de les congeler, permet de conserver leur couleur originelle.

Il n'est pas nécessaire de blanchir les fruits avant de les congeler, cela dit, avec le froid, les fruits tranchés tels que les pommes, les poires, les abricots, les pêches... ont une fâcheuse tendance à brunir. Pour empêcher ce brunissement, arrosez-les avec le jus d'un citron.

Notez que les plats cuisinés riches en matières grasses ou les viandes grasses se conservent moins longtemps, car ils sont plus facilement sujets à l'oxydation et aux changements de saveur.

Enfin, mieux vaut un congélateur plein que vide, car, contrairement aux idées reçues, une fois rempli, l'appareil assure un meilleur maintien de la température et consomme moins d'énergie.

ALIMENTS QUI NE SE CONGÈLENT PAS

Mieux vaut ne pas congeler (parce qu'ils ne le supportent pas bien) :

- les légumes et fruits composés d'eau essentiellement (concombres, salades, radis, tomates, melons, pastèques...) ;
- les blancs d'œufs cuits ;
- la mayonnaise ;
- les pâtes et le riz.

Les bactéries, même pas peur !

Qu'on se le tienne pour dit : tous les aliments contiennent des micro-organismes. Or, il est vrai qu'une basse température ralentit le développement des microbes et autres agents pathogènes (salmonelles, *Listeria, Escherichia coli, Clostridium botulinum*...), d'où le réflexe réfrigérateur, car la croissance bactérienne est bien au cœur du problème de la conservation.

Seulement, pour être tout à fait honnête, qui n'a jamais découvert du moisi vert-de-gris duveteux sur un citron oublié au fond du bac à légumes ou encore quelques taches rosées dans un pot de crème fraîche abandonné dans la porte d'un réfrigérateur ?

Eh bien sachez que tout aliment exposé à l'air humide finit par moisir, car certaines espèces de moisissures sont adaptées au froid. Les denrées les plus exposées sont les fruits, du fait de leur milieu acide et de leur teneur en sucre, particulièrement les agrumes (oranges, citrons...) et les légumes (tomates, carottes, aubergines...), puis viennent le lait et tous les produits dérivés du lait. Cela signifie que l'intrus peut s'introduire jusque dans le réfrigérateur ou être déjà présent sur l'aliment avant.

Néanmoins, si le terme moisissure évoque d'abord le pourrissement, c'est-à-dire la dégradation des aliments, il ne faut pas oublier qu'il est également des moisissures (levures) favorables, utilisées pour fabriquer certains aliments (fromages, charcuterie) ou médicaments (pénicilline) : ces moisissures sont dites de production ! Notez que les moisissures d'altération (pourrissement) se reconnaîtront très facilement, car elles donnent à l'aliment une odeur nauséabonde et un goût très désagréable, souvent amer !

Instinctivore...

Dans un premier temps, fiez-vous à votre ressenti.

Quand les bactéries se développent, elles peuvent produire du gaz, qui provoque le gonflement de l'emballage. Aussi, ne consommez jamais un yaourt qui semble altéré, dont l'opercule a gonflé, ni une boîte de conserve dont la forme est modifiée.

Si l'aliment a une drôle d'odeur, un goût bizarre, une couleur que vous ne lui connaissez pas ou des moisissures et, pire encore, les trois à la fois, ne le mangez surtout pas ! Vos aliments doivent être appétissants. Malheureusement, le critère olfactif n'est pas toujours signe d'absence de contamination bactérienne, aussi prenez toujours toutes les précautions d'usage.

Les copains d'abord

Dernière chose avant de mettre la main à la pâte : cela aurait été délicat de parvenir à débrancher mon réfrigérateur si mon mode de consommation avait été différent ; comme dit plus haut, il serait impensable de se passer de frigo si son contenu se composait de pizzas, de yaourts brassés et d'autres réjouissances industrielles. Enfin, difficile de se lancer un tel défi sans l'expertise et les conseils avisés de ceux que j'ai surnommés mes "éclaireurs éclairés". Aussi ai-je ponctué ce plaidoyer pour des méthodes de conservation plus naturelles d'une galerie de portraits de personnalités rencontrées au fil du temps, qui ont accepté de m'initier à leurs savoir-faire. J'aime en effet l'idée qu'aux astuces simples se mêlent des recettes à la portée de tous et des récits de vie de femmes et d'hommes qui n'hésitent pas à (ré)inventer des méthodes ancestrales de façon on ne peut plus moderne.

Attention, n'allez pas croire que toutes ces personnes vivent sans réfrigérateur et que chacune d'elles maîtrise toutes les techniques présentées, ce serait demander l'impossible ! Tous ces éclaireurs ont apporté simplement et le plus humblement du monde leur pierre à mon petit édifice.

Enfin, et encore une fois, loin de moi l'idée de jouer les mères Fouettard en obligeant quiconque à troquer son réfrigérateur contre un séchoir solaire et un fumoir ! Il s'agit plutôt là d'un prétexte pour encourager tout un chacun à renouer avec le fait-maison et son inimitable saveur aux antipodes des produits industriels aseptisés et souvent dépourvus de bienfaits, pour favoriser une alimentation riche en bonnes bactéries, celles qui renforcent notre flore intestinale, et surtout pour éviter le gâchis à tout prix !

Entreposage

Température, luminosité ou obscurité, ventilation, matériaux et contenants employés... pour bien conserver vos aliments, mieux vaut savoir où et de quelle manière les entreposer. Ainsi, loin de perdre leurs propriétés sapides*, ils vous offriront la quintessence de leur valeur nutritionnelle quand vous les consommerez.

* Sapide : se dit de ce qui a de la saveur.

Ail et échalote empotés

Ingrédients aromatiques, l'ail et l'échalote présentent la caractéristique de très bien se conserver. Néanmoins, soumis à de basses températures et à l'humidité, ils germent, se déshydratent et perdent leurs propriétés. Mieux vaut donc les entreposer dans un endroit sec et sombre. Sachez que l'ail se conserve entre six mois et un an, et que l'ail rose et l'ail violet se conservent mieux que l'ail blanc. Par contre, utilisez l'ail rapidement une fois que vous avez ouvert le bulbe, car cette action réduit sa durée de conservation. Extraites, les gousses se garderont une dizaine de jours seulement.

Astuce de conservation

Optez pour des caïeux frais et fermes (leur peau doit être sèche comme du papier), idem pour les échalotes. En ce qui concerne les gousses d'ail, éclatez-les quelque peu afin que celles-ci s'aèrent. Disposez tout ce petit monde dans des contenants en céramique ajourés ou des petits paniers tressés. Inutile de poser un couvercle dessus, l'ail a besoin de respirer pour se bonifier, à moins bien sûr que votre ail soit tressé, auquel cas suspendez-le directement ! Vous pouvez également opter pour un filet, en évitant toutefois le plastique au bénéfice du coton, du lin ou du chanvre. Pensez à retirer les gousses qui s'abîment au fur et à mesure, pour qu'elles ne contaminent pas leurs voisines. N'oubliez pas non plus d'ôter les vieilles pelures qui se seraient détachées et qui tapisseraient le fond afin d'optimiser l'aération. Pensez également à disposer du gros sel au fond de chaque pot afin de prolonger la durée de vie de vos têtes en réduisant l'humidité.

Récup'

Vous trouverez pléthore de pots à ail et à échalotes dans les vide-greniers. En attendant, si vous ne disposez pas de contenants, pensez à recycler vos sachets krafts au retour du marché. Perforés, ils prolongeront la conservation de vos condiments.

La petite histoire...

Nos anciens tressaient l'ail et l'oignon après séchage au soleil, car il s'agit là du meilleur moyen de les conserver, en plus de brûler les racines des gousses afin de s'assurer qu'elles ne germent pas.
Par ailleurs, l'ail fumé, spécialité du Nord de la France, consiste en un séchage en fumoir, composé autrefois de tourbe et aujourd'hui de sciure de bois et de lignite. Quant aux Japonais, ils font fermenter l'ail blanc dans de l'eau de mer, ce qui lui confère de merveilleuses propriétés. L'ail noir obtenu se déguste alors comme une friandise !

Les +

Faire sécher l'ail permet de développer et de concentrer au maximum ses saveurs, en plus d'optimiser sa conservation.

•

L'aspect décoratif "sans chichi", que l'on opte pour des pots ou pour un tressage.

•

L'avantage d'avoir le tout à portée de main.

Oignons en bas Nylon

Commençons par le commencement... Il est indispensable de distinguer l'oignon primeur, qui se conserve très bien les pieds dans l'eau, de l'oignon de garde, qui doit être conservé dans un endroit sec et surtout à l'abri de la lumière, sous peine de germer. Sachez également que ces derniers, plus ou moins piquants, de couleur rouge ou jaune, ceux-là même qui nous font pleurer à chaudes larmes, contiennent du sulfure, qui leur confère des propriétés d'autoconservation.

Astuce de conservation

Mettez de côté vos bas et collants filés en Lycra®, en ayant pris soin de les laver préalablement. Pourquoi des bas en Lycra®, très chère ? Parce que leur matière respirante et opaque optimise la conservation des oignons. Préparez vos mignons en prenant garde de ne pas les effeuiller. Leurs feuilles agissent, en effet, comme un manteau protecteur. Faites glisser un premier oignon au fond de la jambe du collant. Réalisez un simple nœud avant d'installer votre deuxième oignon. Faites un nouveau nœud et ainsi de suite. Afin d'éviter de cisailler votre bas chaque fois que vous voudrez prendre un oignon, vous pouvez utiliser des élastiques ou des pinces à linge en bois en lieu et place des nœuds. Inspectez-les régulièrement afin de vérifier qu'aucun d'eux n'a germé. Si tel était le cas, mettez ces bulbes de côté pour les replanter ou consommez-les au plus vite !

Récup'

Collants, bas, résilles, dentelle, à paillettes ou à pois, autorisez-vous toutes les folies !
Si vous comptez parmi celles qui ne portent jamais de collants, vous pouvez tout aussi bien suspendre vos oignons dans un filet, un macramé ou un petit panier à l'abri du soleil et de l'humidité. Le soleil peut en effet affecter leur goût et les rendre amers.

La petite histoire...

On tressait ou on nouait autrefois les feuilles des oignons entre elles afin de favoriser leur maturation. À bon entendeur...

Les +

La conservation des propriétés nutritionnelles des oignons pendant une dizaine de mois.

•

L'originalité de l'objet qui en laisse pantois plus d'un.

•

La facilité de réalisation de l'upcycling comparativement à un tressage.

Les –

L'impatience du chef de famille lors du dénouement final !

bodegasJuanGil
HAURET
BALEINE
.COM
HAUTES
TERRES
MIS EN
BOUTEILLE
A LA
BEAUBOIS

Pommes, claie du succès

Les pommes comptent parmi les fruits dits de garde (comme les poires, exception faite des williams, et le raisin), qui peuvent être conservés tels quels tout l'hiver. En effet, l'amidon qu'ils contiennent se transforme peu à peu en sucre et leur parfum s'intensifie à mesure que les mois passent. Aussi, est-il souhaitable de les laisser s'épanouir gentiment à l'air ambiant. Seulement, il est recommandé de respecter quelques règles pour préserver leur capital jeunesse. À moins de 10 °C, elles perdront en effet leur saveur sucrée et leurs propriétés. Seulement mesdames n'apprécient pas non plus la chaleur, c'est pourquoi on les conservait autrefois à la cave…

Astuce de conservation

Choisissez vos pommes avec amour et pédoncules ! Disposez vos granny-smith, pink lady, canada et autres pommes sur une clayette ou sur une étagère (précisons que la durée de maturation est différente pour chaque variété), sans nettoyage préalable, en respectant une certaine distance de sécurité entre chaque fruit et en utilisant éventuellement comme crans d'arrêt des bouchons de bouteille en liège recyclés. Évitez toute intrusion d'insectes (moucherons, papillons…), néfaste à leur bonne évolution. Retournez, enfin, régulièrement les pommes dans leur cagette (une fois tous les dix jours environ) placée au frais et dans l'obscurité. Surveillez-les bien afin de prévenir l'apparition de rides prématurées. Si un fruit venait, par ailleurs, à tourner de l'œil, séparez-le immédiatement des autres pour éviter la contamination.

Récup'

Le recyclage de cagettes ayant déjà été abordé plus haut, notez que les fûts de chêne vides sont également une excellente alternative pour la conservation des fruits. Si, par le plus grand des hasards, vous disposiez d'un tel objet, tapissez-le de paille ou de sable propre et utilisez-le à la manière d'un garde-manger. Notez qu'une gousse d'ail fendue en deux, posée sur un plateau de fruits, évite également leur pourrissement.

La petite histoire…

Les pommes devant être protégées du gel, bien qu'il favorise une garde plus longue, les anciens stockaient leur récolte dans un fruitier, autrement appelé cave fruitière. Ainsi, elles étaient épargnées du grand froid, jusqu'au redoux.

Les +

Le goût absolument délicieux des pommes qui se bonifient avec le temps à l'air ambiant.

•

La garde rapprochée qui invite à la dégustation et minimise le gaspillage.

•

La meilleure gestion des provisions.

Les –

L'espace que demande la méthode.

•

Le temps que nécessite la manipulation régulière.

Fromages qui se tapent la cloche

La conservation du fromage est délicate, car il s'agit, là encore, d'un produit vivant. Cela dit, la croûte, véritable couche protectrice, conserve efficacement l'arôme de la pâte du fromage, c'est pourquoi on ne retire jamais celle-ci à l'avance. Elle ajoute, de surcroît, du plaisir aux yeux et elle est comestible dans la plupart des cas. Pour ce qui est de la conservation à proprement parler, si un excès de froid bloque le processus d'évolution du fromage et en anéantit goût, odeur, couleur, aspect et consistance, l'excès de chaleur provoque une fermentation secondaire et accélère sa dégradation. Quant à l'air confiné des boîtes en plastique, il accélère le dessèchement du fromage. Allons... ne commettez plus d'outrage envers votre fromage !

Astuce de conservation

Conservez les papiers cirés, fins et poreux offerts par la crémière au moment de l'achat, mais en prenant soin de les laver à l'eau. Déposez vos morceaux de fromage dedans individuellement. Mieux encore, vous pouvez utiliser vos emballages à la cire (voir p. 89). Recouvrez-les d'une cloche ajourée (en osier, en paille ou grillagée) afin de les abriter du soleil tout en les laissant respirer, et placez l'ensemble dans un endroit sec et frais. Si vous consommez souvent du fromage et disposez d'assez de place chez vous, vous pouvez même dénicher dans une brocante ou acheter neuf un garde-manger fromager. Pour ce qui est du roquefort et du bleu, étant donné que des moisissures particulières ont été ajoutées au lait caillé, ces bactéries auront des besoins spécifiques. Mieux vaut donc conserver ces derniers dans un beurrier à eau ou dans un linge humide, leur permettant ainsi de garder intact leur taux d'humidité. Oubliez le fromage râpé ! La saveur du fromage s'est alors évaporée ; prenez une petite minute et râpez-le vous-même au dernier moment. Entourez les fromages forts d'une couronne de thym frais.

Récup'

À défaut de papier de crémerie, utilisez du papier cuisson naturel (de couleur brun clair, en magasins bio), qui favorise de la même façon un flux d'air autour du fromage.

La petite histoire...

Comme pour les légumes et les poissons, mieux vaut respecter les saisons du fromage. Notez qu'en période hivernale il n'est pas nécessaire d'emballer vos fromages. Rappelons toutefois qu'il vaut toujours mieux acheter du fromage au fur et à mesure de ses besoins et en petite quantité afin de profiter de toutes ses qualités gustatives.

Les +

Les effluves et arômes inégalables des fromages qui prospèrent.

•

L'absence d'odeurs de fromage sur les autres ingrédients.

Les -

Les achats fractionnés chez le fromager.

•

La sudation de certains fromages à mesure que les températures s'élèvent.

PORTRAIT

Le fromage blanc de Macha

Macha, dont la maman est d'origine polonaise, que j'ai rencontrée sur les bancs de la fac, a été marquée par nombre de plats préparés par ses grands-parents. La jeune maman parisienne éprouve aujourd'hui le besoin de renouer avec ses racines. Elle nous livre ici la recette du twarog, *le célèbre fromage blanc polonais qui se fabrique et se conserve à température ambiante.*

Macha, tu es souvent partie en Pologne, chez tes grands-parents, de quoi te souviens-tu ?

Je partais surtout pendant les grandes vacances d'été. À bord de notre Passat vert d'eau, on traversait à l'époque la RFA puis la RDA, avec ces heures interminables de queue à la douane. À Varsovie, chez mes grands-parents, quand je me levais le matin, mon grand-père était parti acheter à la boulangerie des jagodzianki *(petits pains briochés fourrés aux myrtilles) et des* bułeczki *(petits pains ronds). J'ouvrais le pain, j'étalais dessus un gros morceau de beurre et, parfois, j'y ajoutais une tranche de fromage blanc épais. Parfois on sortait de la ville et on partait une semaine à la campagne, dans une maison qu'on louait dans le Nord-Est. Le matin, mon oncle et ma tante partaient à la cueillette des champignons. On en remplissait nos paniers en osier puis, en rentrant, ma tante les enfilait sur une longue ficelle et les accrochait sur les murs de la maison en bois comme une guirlande de décoration. Il fallait attendre un ou deux jours pour qu'ils sèchent et, enfin, on pouvait les mettre dans des bocaux ou à crépiter dans le beurre d'une poêle chaude.*

Peux-tu nous parler de la vie quotidienne de tes grands-parents, à Varsovie ?

J'ai ce souvenir des marchés qui me semblaient immenses. De la queue qu'il fallait faire dans les magasins. Je me souviens de la cuisine, du placard sous les fenêtres, comme un garde-manger, des krowkis, *petits bonbons au caramel élaborés à partir de lait de vache et conservés dans un grand sachet en papier.*

Il y a une spécialité polonaise qui semble t'avoir marquée plus que les autres...

Le fromage blanc qu'on ne trouve pas en France : le twarog wiejski. *J'en raffole ! On l'utilise partout là-bas. Pour le* sernik *(gâteau au fromage blanc type* cheese-cake *de l'Est), pour farcir les* pierogis *(raviolis) ou les* nalesniki *(crêpes) avec des fruits rouges, ou sur du pain, ou même dans des spaghettis. Rien que d'en parler, je salive.*

Comment les maîtresses de maison fabriquaient-elles ce fromage fermenté ?

Je revois ma tante le fabriquer dans la maison en bois de nos vacances. Elle versait et mélangeait du lait cru tout droit sorti du pis de la vache de la ferme d'à côté avec du lait caillé. Ensuite elle le laissait reposer dans une marmite à l'endroit le plus chaud de la maison pendant 48 heures.
Le lait ayant épaissi, elle le faisait chauffer à une température de 50 °C pendant 1 heure. Puis elle le faisait égoutter dans une gaze de lin ou un torchon au-dessus d'un plat. Lorsque l'eau semblait partie, elle refermait le linge en serrant bien fort puis posait une assiette dessus ainsi qu'un poids lourd (un bocal rempli d'eau) qui permettait d'égoutter le reste d'eau et de presser un peu plus la pâte. Il suffisait ensuite d'enlever le linge pour découvrir le fromage. On pouvait ensuite le garder pendant plusieurs jours sur la table de la salle à manger, simplement recouvert d'une assiette, et le consommer tranquillement.

Comment expliquer que la majorité des familles polonaises élaborent encore ce mets qui demande pourtant savoir-faire et temps ?

Bien que le communisme n'ait plus permis pendant un temps de trouver l'ensemble des ingrédients, les familles ont su adapter la recette d'origine afin de perpétuer la tradition.
C'est grâce à cette opiniâtreté que je peux faire goûter, à mon tour, à mon fils, cette madeleine de Proust dans mon appartement parisien.

Pommes de terre sur la paille

Le froid fait pourrir les pommes de terre quand la chaleur les fait germer et la lumière leur donne un teint verdâtre et un goût amer prononcé... Et pourtant, sous certaines conditions, la conservation des pommes de terre peut atteindre de huit mois à un an, incroyable. Voici comment les faire gentiment hiberner en attendant de les consommer.

Astuce de conservation

Pour conserver les tubercules longtemps, il est impératif de les entreposer dans un endroit sec, obscur et sans ventilation, car c'est la lumière qui enclenche le processus de germination. Autre inconvénient : le flétrissement ! Pour l'éviter, mieux vaut une température faible, de l'ordre de 8 à 10 °C. Notez que le pourrissement se propage également très vite : jetez au compost les petites parties atteintes et consommez en priorité le reste ainsi que les pommes de terre qui étaient à leur contact. N'oubliez pas non plus d'éliminer régulièrement les départs de germe. Enfin, si vos tubercules arborent des taches vertes, signes d'une forte teneur en alcaloïdes, hautement toxiques, passez votre chemin. Prenez un panier que vous pourrez glisser dans un coin obscur et recouvrez-le d'une épaisse couche de paille afin d'y déposer vos pommes de terre "saines". Pensez toutefois à mettre régulièrement un lit de paille propre pour vos belles des champs.

Récup'

Une fois encore, les tonneaux font d'excellentes "niches" de conservation, à condition de tapisser le fond de paille, mais encore faut-il posséder un tel objet ! L'affaire sera de toute évidence compliquée si l'on vit en appartement. S'il existe des paniers à pommes de terre en osier, plus faciles à entreposer, pensez à détourner un objet plus chic de la maison.

La petite histoire...

Nos aînés entreposaient leurs patates dans une resserre, également appelée réserve à pommes de terre, ou bien carrément dans une fosse recouverte de paille ou de feuilles.

Et sinon ?

Vous pouvez aussi bien réserver vos charlotte, amandine, rosabelle, juliette, pompadour et autres dans des cageots en bois ou des clayettes tapissés et recouverts de paille (si vous en disposez) ou de papier journal, afin qu'elles ne subissent pas les méfaits de la lumière. À moins que vous ne préfériez les stocker dans un sac de jute.

Quoi d'autre ?

La couche de paille pourra aussi bien accueillir des patates douces, pardi ! Mais aussi des topinambours, des crosnes, des panais, du raifort, etc.

Les +

- L'espérance de vie visiblement allongée de vos protégées.

Les -

Votre arrière-cuisine peut prendre des allures de crèche vivante !

Mise à l'eau

Cette technique consiste à conserver les aliments en en faisant tremper une partie dans de l'eau. On considère à tort que les légumes fraîchement sortis de terre ont perdu la vie, or il n'en est rien ! Aussi ne faut-il pas hésiter à plonger leurs racines ou leur tronc dans un fond d'eau fréquemment renouvelé. On peut ainsi les couper à mesure de sa consommation et les observer lors de leur repousse ! Libre à chacun ensuite de les repiquer au jardin ou de continuer à les savourer.

Le Parfait
Super

Poireaux, les pieds dans l'eau

Qu'ils proviennent de chez le maraîcher ou que vous les ayez cultivés vous-même, il est tout à fait possible de faire repousser relativement facilement les poireaux à partir de leurs restes, comme nombre de légumes racines, à feuilles et même fines herbes (basilic, menthe, coriandre, citronnelle…). S'il ne s'agit pas d'une résurrection (car le légume ne meurt pas), on peut envisager leur repousse comme une deuxième jeunesse !

Astuce de conservation

Revenons à nos poireaux, puisque ce sont eux que nous avons choisis comme protagonistes ! Assurez-vous que ceux-ci sont issus de l'agriculture biologique, car habituellement les plantes traitées à l'herbicide et aux pesticides ne développent pas de deuxième génération. Coupez les tiges à environ 2 cm des racines. Placez-les dans un récipient peu profond avec un fond d'eau à température ambiante. Disposez-les dans un endroit ensoleillé, à proximité si possible d'une fenêtre, et non loin de l'évier afin de toujours les avoir à portée de main. Vous renouvellerez ainsi l'eau avec plus de facilité. Changez celle-ci très régulièrement, sous peine de voir vos radicelles nager en eau trouble ! Taillez enfin les jeunes pousses vertes à mesure de vos besoins.

Récup'

N'hésitez pas à recycler vases, bocaux, aquariums et anciens contenants d'apothicaire à large goulot pour leur côté déco.

Quoi d'autre ?

Laitue, chou, chou-fleur, blettes, fenouil, céleri, poireau, artichaut, carotte, oignon, ciboule, échalote, aillet, brocoli, céleri, ail : la liste des légumes qui peuvent renaître de leur trognon est longue ! Pour ce qui est de la salade, faites tremper le pied dans un peu d'eau après l'avoir recoupé nettement à la base. Le céleri, quant à lui, se régénère à condition de lui couper le pied et de le placer dans de l'eau tiède. Pour ce qui est de l'ail, le procédé est quasiment le même, à condition que les gousses individuelles ne soient pas immergées dans l'eau, sous peine de les voir pourrir. Quand elles atteignent environ 2 cm, rempotez-les afin de voir de nouvelles têtes apparaître. Certains légumes mettront évidemment plus de temps à croître que d'autres…

Les +

Le plaisir immense de déguster des légumes frais, encore vivants, bien plus riches en nutriments, en vitamines et en antioxydants.

•

Les économies réalisées : un, deux, trois légumes de moins à acheter, c'est toujours cela de gagné.

•

Le spectacle qu'offre la repousse des végétaux.

Les –

Penser à renouveler l'eau tous les deux jours au moins.

•

Le "dégazage" quelque peu odorant du poireau à chacune de ses poussées !

PORTRAIT

Les repousses de Salindrah

Salindrah et moi avons échangé la toute première fois à l'occasion d'un dîner chez une amie commune. Le courant est très vite passé, si bien que nous nous sommes revues chez elle peu de temps après. C'est ainsi qu'elle m'a montré, la nursery de végétaux qui trône en bonne place dans sa cuisine...

Pour quelles raisons as-tu décidé de te passer de réfrigérateur ?

Tout est parti d'un constat déconcertant : une vie stressante, sans saveur ni parfum. Alors que mon père, chef cuisinier, nous avait appris à être attentifs à notre alimentation et que ma mère nous avait transmis le goût du frais, du croquant, du saisi, du sauté, du grillé ou encore du confit, j'éprouvais la sensation de trahir cette éducation. Elle est pourtant essentielle ! Je l'ai compris plus tard, à un autre niveau, sur les bancs de l'université et sur les paillasses de l'ULP (université Louis-Pasteur) de Strasbourg : une plante évolue dans un environnement idéal, et parfois inattendu, respire, se nourrit, boit, peut éprouver la soif, la fatigue, le stress... elle communique, vit en symbiose avec d'autres êtres vivants, se reproduit, se déplace, se défend, émet des signaux en cas de stress, se met au repos selon les saisons... Elle peut servir d'habitat, nourrir, soigner, irriter et même provoquer la mort. On parle de physiologie du végétal, de cycle biologique, de métabolisme et de biochimie, d'environnement, d'écosystème, de gestion des populations, d'espèces endémiques, de phytothérapie, de médecines douces, de médecines traditionnelles...

Qu'est-ce qui a provoqué le déclic ?

Avec le rythme de vie, la fatigue, le besoin d'aller vite, je m'orientais de plus en plus vers des produits préparés, prêts à réchauffer, au détriment de mes achats de produits frais mis au frigo dans le but de cuisiner... un vrai gâchis ! Trop de produits que j'achetais n'avaient plus de saveurs. Le froid altérait leur goût et les empêchait de mûrir. L'idée de me débarrasser du frigo m'est apparue comme une évidence. La première alternative, je la connaissais, nous la connaissons tous : l'eau ! Très vite j'ai appliqué ce qui m'avait été enseigné depuis toute petite. Un vase et de l'eau pour un bouquet de fleurs allait devenir mon modèle pour les salades et l'endive, puis vint la question du poireau, du céleri branche, du fenouil, des petites courgettes... J'en profitais pour laisser pousser les gousses d'ail et l'échalote germée, je profitais de leurs longues tiges vertes les jours sans ciboulette. J'ai appris plus tard que le beurre se conservait, plongé dans de l'eau fraîche salée, entre le rebord d'une fenêtre en hiver (à l'abri de la lumière) et le bac d'eau fraîche en été ; il n'y avait plus rien pour me faire regretter la chambre froide dont je m'étais séparée.

Quels changements apporte le fait de vivre sans frigo ?

Notre vie s'est considérablement simplifiée. J'achète désormais juste ce qu'il faut en tenant compte de la nature de chaque ingrédient. J'organise nos repas en fonction de l'ordre de fragilité, ce qui rythme nos achats à court et moyen terme.

Avec la lactofermentation, je complète sur le long terme. La déshydratation devient un procédé de conservation sur du très long terme. Le beurre devient un mets d'hiver, nous privilégions les huiles de première pression à froid toute l'année. Quant aux fromages, nous en consommons de temps en temps en privilégiant les plus affinés.

Une anecdote à nous raconter ?

Un pak-choï que j'avais malheureusement délaissé s'était mis à fleurir. Je ne l'avais pas vu venir jusqu'à ce que le parfum de ses fleurs jaunes me titille les narines. J'en ai goûté, un pur délice ! Le soir venu, j'ai décidé d'en agrémenter mon burger végétal maison. Je ne sais toujours pas si c'est comestible officiellement, mais je suis toujours là pour vous en parler !

Beurre qui ne tourne pas autour du pot

Saviez-vous que vous pouviez conserver du beurre autrement qu'au réfrigérateur ? Le beurrier à eau, d'origine bretonne, qui comporte deux parties s'emboîtant l'une dans l'autre, permet de le conserver tout en préservant sa saveur. Le système, qui aurait été conçu au XVIIIe siècle, empêche l'oxydation et évite ainsi au beurre de rancir.

Astuce de conservation

Moulez votre beurre dans le couvercle. Poussez au fond pour laisser de la place à l'eau. Veillez à bien tasser le beurre, car il ne faut aucune poche d'air. Immergez-le ensuite dans l'eau fraîche, à l'abri de l'air et de la lumière. Faites ainsi descendre la motte au fur et à mesure de votre consommation. Pour une conservation optimale, renouvelez l'eau tous les trois jours (changez l'eau tous les jours en période de grande chaleur). L'opération peut bien entendu être réalisée avec un beurre "maison". Sachez toutefois qu'un beurre "maison" se conserve un peu moins longtemps (et pour cause, il ne contient aucun conservateur). Notez également que le beurre salé se conserve mieux que le beurre doux. Dans le cas où vous préféreriez le beurre doux, sachez qu'il est possible d'ajouter un peu de sel dans l'eau afin d'optimiser sa conservation.

Récup'

À défaut de beurrier à eau, vous pouvez disposer votre beurre dans le fond d'un simple bol ou d'un ravier en grès. Recouvrez d'eau légèrement salée si le beurre est nature (comme dit plus haut, le sel prolongera encore un peu plus la conservation). Par mesure d'hygiène, posez une soucoupe qui fera office de couvercle pour votre bol. Videz l'eau à chaque utilisation. Lissez la surface une fois le beurre servi, et versez de nouveau de l'eau au-dessus du beurre.

La petite histoire...

Les navigateurs tassent depuis toujours leur motte de beurre dans des bocaux en verre étanche sur lesquels ils versent de l'eau de mer, ce qui leur permet de le conserver pendant de nombreuses semaines. Par ailleurs, le *ghee*, le fameux beurre liquéfié et clarifié indien, en plus de ses innombrables vertus revendiquées par l'ayurvéda, se conserve plusieurs mois à température ambiante dans des petits récipients en cuivre ou en argent.

Les +

La souplesse du beurre, bien plus facile à tartiner.

•

Un beurre à la consistance idéale, sans le fameux "goût du frigo".

•

La joliesse du contenant de présentation à l'heure du petit-déjeuner ou du goûter.

Les –

Grosso modo, pensez seulement à changer l'eau régulièrement.

•

Sa saveur plus prononcée.

Radis, têtes en l'air

Rose, craquant et parfois piquant, le radis compte parmi les légumes racines les plus petits. Seulement, les bouquets de crucifères peuvent faner à vitesse grand V. Il est donc intéressant de connaître des astuces pour les conserver bien frais…

Astuce de conservation

Réservez un bouquet de radis fermes et colorés. C'est avant tout la fraîcheur de ses fanes bien vertes qu'il faut observer. Prenez un récipient. Remplissez-le d'eau froide afin d'y plonger les feuilles. Veillez à ce que les radis eux-mêmes ne soient pas en contact avec l'eau. Seules les feuilles doivent en effet être immergées pour continuer à alimenter en eau les racines. En renouvelant l'eau tous les jours, vous serez surpris de constater que vos crucifères peuvent se conserver un peu plus d'une semaine. Quant aux feuilles, elles ne jauniront pas, ainsi vous pourrez également les cuisiner en un délicieux velouté. Pour ce qui est du radis noir, qui a une durée de conservation plus longue que son cousin rose, il se conserve durant tout l'hiver dans du sable propre un peu humide, dans un torchon régulièrement mouillé ou dans des cagettes stockées dans une pièce fraîche !

Récup'

N'hésitez pas à faire preuve d'originalité dans le choix de votre récipient : vase, théière, cafetière ou autre contenant en céramique ou en émail donneront un certain cachet à votre bouquet rose. Utilisez la même astuce pour conserver les artichauts. Eh oui, il suffit de mettre leurs pieds à tremper pour prolonger leur fraîcheur, car ils se conservent comme des fleurs coupées.

Et sinon ?

On peut également conserver les radis dans du vinaigre. Pour ce faire, après avoir ôté fanes et queues, et coupé les plus gros en deux, entassez les radis dans un bocal stérilisé au couvercle bien étanche. Ajoutez deux clous de girofle, quelques grains de baies roses et de poivre ainsi qu'une feuille de laurier. Faites bouillir du vinaigre (grosso modo de quoi remplir la moitié du pot) additionné de 2 cuillerées à café de sel avant de verser le liquide sur les radis et de fermer le bocal. Laissez enfin refroidir et stockez dans un lieu frais et sombre.

Les +

Le non-flétrissement et le croquant de ces crucifères.

•

Les fanes restant elles aussi bien fraîches, on peut les utiliser dans un potage ou pour parfumer une poêlée de légumes, à condition de les consommer avant les têtes roses !

Les –

L'obligation de changer l'eau quotidiennement sous peine de la voir croupir et de laisser les fanes pourrir.

PORTRAIT

Les graines germées d'Angèle

J'ai découvert Angèle en réalisant les recettes de son premier livre de cuisine diététique, puis en me rendant dans son salon de thé parisien. Un vent frais et léger souffle désormais sur les assiettes grâce à cette jeune chef formée à la naturopathie. Ce que l'on sait moins, c'est qu'Angèle a grandi dans une ferme sans électricité et donc, par extension, sans frigo.

Angèle, que peux-tu nous dire de ton enfance passée dans cette ferme en totale autonomie ?

C'était assez magique quand j'y repense, ne serait-ce que parce que nous vivions au rythme des saisons. Je participais à tout : la mise en conserves d'huile des sanguins (champignons), la réalisation des confitures d'été, le séchage de la viande au soleil et au vent. Pour mieux conserver les produits frais, je me souviens que nous les enveloppions dans des feuilles de papier journal et que nous les entreposions dans la pièce la plus fraîche, dotée de murs de pierres très épais.

C'est l'expérience du jeûne qui t'a amenée à repenser ta façon de t'alimenter... Qu'as-tu découvert dès lors ?

Cette expérience (que je réitère chaque année) m'a confirmé combien l'alimentation a d'influence sur notre santé. La naturopathie, que j'ai étudiée par la suite, m'a quant à elle incitée à limiter certains produits comme le gluten actuel et les produits carnés et laitiers. J'ai également découvert que la méthode de cuisson est primordiale dans la préservation des nutriments, c'est pourquoi je privilégie les cuissons douces aujourd'hui.

Tu as vécu en Australie et beaucoup voyagé. Quelles astuces de conservation as-tu rapportées dans tes valises ?

J'ai découvert au Brésil différentes méthodes de séchage, la réduction en poudre de denrées précieuses comme l'acérola, l'açaï, l'urucum, les graines germées, la lactofermentation... Je dois également avouer que je conserve mes oignons dans des bas à la maison ; ça, c'est plutôt une astuce de famille !

Tes plats sont, pour la grande majorité, agrémentés de graines germées...

La nourriture alimente tout à la fois nos cellules et notre esprit, voilà pourquoi il faut privilégier les aliments "vivants" ! Les produits industriels et raffinés sont "morts", ils ne nous apportent dès lors plus grand-chose.

Peux-tu nous expliquer de quelle manière faire germer ses graines à la maison et bénéficier de leurs bienfaits ?

C'est très simple ! Si vous n'avez pas de germoir, je vous conseille de bien nettoyer vos graines (alfalfa, haricot, poireau), de les faire tremper toute une nuit et de les mettre le lendemain dans un pot de confiture vide, de faire un "bouchon" avec une compresse et un élastique, et de les disposer tête en bas (un peu en biais, de manière à ce que l'eau puisse s'égoutter). Enfin, il faut les rincer tous les jours avec un peu d'eau et remettre les pots la tête à l'envers.

Quels souvenirs gardes-tu de ton enfance "sans frigo" ? Serais-tu prête à t'en passer de nouveau ?

J'en garde un souvenir très fort, un vrai cadeau ! Dans ma vie personnelle j'aimerais beaucoup revenir à ce mode de vie. Par ennui, il nous arrive d'ouvrir notre frigo de façon nonchalante et de consommer un peu ce qui traîne. Par la rareté et la préciosité des aliments, une sorte de sobriété heureuse nous pousse à consommer avec plus de conscience.

Séchage / Dessiccation

Ce traitement a pour objectif d'éliminer d'un corps tout ou partie de l'eau qui s'y trouve contenue. De tout temps, l'homme a utilisé le séchage au soleil pour différents aliments, notamment les fruits, le poisson, mais aussi la viande débitée en minces tranches.

Kaki, hisse et oh !

De plus en plus prisé par les Français, le kaki, que l'on trouve en quantités considérables dans certaines de nos régions, notamment sur la Côte d'Azur, est le fruit hivernal national du Japon, de la Corée et de la Chine. Seulement, si on le consomme cru dans l'Hexagone, peu de personnes ont déjà goûté sa version déshydratée, pourtant tellement savoureuse... Allons, il n'est jamais trop tard pour bien faire !

Astuce de conservation

Pour réaliser votre suspension mobile de fruits, armez-vous simplement d'une bobine de fil et de quelques kakis bien fermes. Nouez autour de chaque pédoncule un morceau de ficelle. Suspendez les kakis à différentes hauteurs de façon à ce qu'ils ne se touchent pas. Choisissez, pour finir, un endroit propice au séchage, à l'extérieur, sous la toiture de votre maison, si le temps le permet (veillez dans ce cas à ce que vos fruits soient protégés de l'humidité nocturne), ou à l'intérieur, devant une fenêtre ensoleillée ou au-dessus d'un radiateur, selon vos possibilités. Massez-les de temps à autre, délicatement, jusqu'à ce que le sucre apparaisse en surface. Comptez quatre à huit semaines pour un séchage complet. Conservez-les enfin dans une boîte hermétique en attendant de les savourer.

Récup'

N'hésitez pas à recycler une branche de bois flotté, de bouleau, une tige de bambou, un cintre en bois ou une tringle à rideaux hors d'usage pour suspendre vos fruits. Laissez dans tous les cas parler votre créativité et cette suspension titillera, à n'en pas douter, la curiosité de vos visiteurs.

La petite histoire...

Cette méthode dite japonaise était capitale sur l'archipel nippon il y a deux siècles, car le kaki séché était alors le seul édulcorant disponible sur l'île. En Chine, on sèche généralement le kaki à plat pour le déguster tel quel, tandis que l'on sert traditionnellement en Corée des brisures du fruit séché dans du thé ou fermentées dans du vinaigre. La dessiccation a également pour effet d'adoucir les variétés les plus âpres.

Les +

La disparition totale de l'astringence qui en rebute plus d'un.

La découverte d'une saveur délicate, divinement sucrée.

La magie de la transformation du produit.

Les vertus que confère au fruit le séchage (vitamines, fibres, polyphénols, antioxydants sont, en effet, démultipliés).

Les –

Prévoir de disposer l'installation suffisamment en hauteur pour ne pas s'y cogner.

Faire sécher des quantités astronomiques sous peine de ne pas y goûter, curiosité des visiteurs oblige !

Les fruits trop secs seront moins fondants et plus difficiles à mâcher.

Champignons en lévitation

Les champignons frais ne se conservent pas longtemps : deux jours pour les plus fragiles et jusqu'à une semaine pour les autres. Riches en eau, ils peuvent, en effet, se détériorer le temps d'un battement de cils. Aussi, la dessiccation est l'une des solutions les plus simples pour jouer les prolongations avec les champignons, que vous les ayez fraîchement cueillis (prenez tout de même garde à ce qu'ils ne soient pas toxiques !) ou que vous les ayez achetés sur le marché.

Astuce de conservation

Ôtez les résidus de vos champignons à l'aide d'une brosse souple. Émincez les gros calibres, tels que les cèpes, en lamelles d'environ 3 mm d'épaisseur et conservez les petits gabarits entiers, comme les chanterelles, les trompettes-de-la-mort... Enfilez avec une aiguille à repriser le fruit de votre cueillette en prenant soin de réaliser des petits nœuds afin d'éviter qu'ils ne se touchent. Suspendez la guirlande dans un endroit sec et aéré, à proximité d'une source de chaleur (poêle, radiateur, soleil), ou dans un grenier bien sec. L'opération peut durer de plusieurs heures à plusieurs jours en fonction des espèces. Vous pouvez aussi déshydrater les champignons dans votre four, à chaleur tournante, sur une grille, à 50 °C au maximum, entre 3 et 4 heures, ou dans un déshydrateur. Pour vérifier leur dessiccation complète, triturez l'un d'entre eux entre les doigts : s'il s'effrite et a perdu toute texture caoutchouteuse, le tour est joué ! Placez enfin vos champignons séchés dans des bocaux en verre fermés, préalablement lavés à l'eau savonneuse, stérilisés et secs (séchés à l'air libre et non essuyés), à l'abri de la lumière et de l'humidité.

Récup'

À la verticale, à l'horizontale, avec le champignon vous pouvez essayer toutes les positions ! Quant au matériel que vous utiliserez pour réaliser vos guirlandes, je vous conseille du simple fil de coton à coudre et si possible bio.

La petite histoire...

Le séchage est la méthode de conservation la plus simple et la plus ancienne qui soit. Il permet, en outre, de consommer certains aliments après plusieurs mois. La Turquie en a fait sa spécialité : abricots, tomates et même guirlandes d'aubergines évidées et séchées trônent ainsi en bonne place sur ses marchés.

Les +

Le goût savoureux des champignons séchés.

•

La possibilité de les utiliser comme bon vous semble, dans un risotto ou des pâtes, après les avoir simplement ramollis dans de l'eau.

•

L'aspect décoratif des guirlandes de champignons qui sèchent.

Les -

La minutie nécessaire à la fabrication d'une guirlande de champignons.

Tomates qui se dorent la pilule

On adore quand elles reviennent sur les étals ou dans nos jardins pour les manger à toutes les sauces. Le seul souci : leur fragilité. Ce que l'on sait moins, la plupart du temps, c'est que si les reines du potager mûrissent trop vite, c'est le mode de conservation qui est souvent en cause. Contrairement aux idées reçues, on ne devrait jamais, au grand jamais, placer des tomates au réfrigérateur, car le froid endommage leurs parois cellulaires, les rendant molles, ternes, et farineuses.

Astuce de conservation

Faire sécher des tomates ne demande pas de compétences culinaires particulières, si ce n'est de bien les choisir. Optez ainsi pour des variétés de tomates à la peau lisse, peu juteuses et à la chair dense et épaisse. Si la peau est fine, il s'agit en effet probablement d'une tomate de serre. Préférez-lui la tomate de plein champ, récoltée par un petit producteur, infiniment plus costaude ! Pour plus de goût, il est également conseillé de ne laver les tomates que juste avant de les cuisiner. Nettoyez vos tomates sous un filet d'eau. Fendez-les en deux et posez-les sur un plateau grillagé. Disposez celui-ci à l'extérieur, quand le soleil est au plus haut, sur un tamis, pendant trois jours. Une fois leur eau totalement évaporée, les tomates prendront l'aspect du cuir ; vous pourrez ainsi les conserver pendant un an environ. Pour ce faire, entreposez-les dans un contenant bien fermé, à l'abri de toute humidité. Autre option de déshydratation, le cuir de fruit : on l'obtient en faisant cuire une purée de fruits à basse température au four ou à l'aide d'un déshydrateur. Il se conserve pendant une longue période, sans perte de vitamines, s'il est tenu éloigné de l'humidité.

La petite histoire...

Au Burundi, un agronome a même eu l'ingénieuse idée de disposer sa récolte, dont il perdait la moitié chaque année, dans de la cendre. Son incroyable découverte lui permet désormais de prolonger d'environ six mois la durée de vie du fruit de son labeur.

Quoi d'autre ?

Prunes, fraises, grains de raisin, etc., nombre de fruits exposés au soleil se bonifient. La technique est par ailleurs utilisée dans de nombreux pays : les bananes, coupées en lamelles, sèchent ainsi sur des nattes sous le soleil cambodgien. En Inde, on déshydrate les mangues... Le tout est d'utiliser des fruits et des légumes qui peuvent se manger crus et ne sont pas gorgés d'eau... On dit donc *niet*, par exemple, aux pommes de terre et à la pastèque séchées !

Les +

La possibilité de consommer des fruits d'été toute l'année.

•

La conservation des vitamines dans les fruits gorgés de soleil.

•

Le procédé, gratuit grâce à cette source d'énergie inépuisable qu'est le soleil, alors que le prix de certains fruits secs peut grimper très vite dans le commerce.

Les -

La difficulté à trouver des plateaux de séchage ajourés permettant le passage de l'air. Le mieux : les fabriquer soi-même.

•

La surveillance rapprochée du plateau de séchage pour éloigner les insectes et volatiles affreusement gourmands.

PORTRAIT

Les fruits séchés d'Amélie

Jeune maman, j'ai invité Amélie à venir passer un après-midi à la maison afin que nos petits garçons jouent ensemble. À l'époque, la jeune femme travaillait en tant que traiteur indépendant. Passionnée de mode, de déco, Amélie tenait également un blog qui rencontrait un certain succès. Quand nous nous sommes revues quelque quatre années plus tard, Amélie n'avait plus grand-chose à voir avec la "tendanceuse" que j'avais connue, ses priorités avaient totalement changé. Jusqu'au-boutiste, elle fabriquait désormais des "fauxmages" (alternative vegan aux fromages) depuis sa cabane du Tarn pour les proposer via des magasins bio, pratiquait le homeschooling (comprendre l'école à la maison) avec son petit garçon et mettait tout en œuvre pour devenir autonome en énergie... autant dire qu'elle avait pris un virage à 360 degrés !

Amélie, quels sont les plus jolis souvenirs de ton enfance passée dans le Doubs ?

Les après-midi "confiture" avec ma grand-mère. La veille, on partait chercher les mûres. On en ramassait des énormes seaux ! Je la revois passant les fruits chauds dans le presse-purée manuel. Quant à moi, je me souviens du plaisir que j'éprouvais en plongeant un doigt dans la mixture délicieusement sucrée. Quel merveilleux souvenir !

Comment t'est venue l'envie de changer radicalement de mode de vie ?

L'arrivée de mon fils, César, a tout chamboulé. Elle a été suivie d'une remise en question de notre alimentation. J'ai commencé à manger bio. Je suis ensuite devenue végétarienne avant d'opter pour le véganisme. In fine, nous avons tout remis en question : notre consommation, nos activités professionnelles, nos besoins, l'éducation...

Tu partages désormais ta vie entre un appartement en ville (à Toulouse) et une cabane perdue dans le Tarn, non reliée au réseau électrique. Peux-tu nous raconter pourquoi ce choix ?

Nous avons effectivement fait l'acquisition d'une cabane qui n'est pas reliée au réseau électrique. Passer du temps dans cet endroit loin de tout nous a fait prendre conscience de beaucoup de choses, notamment à quel point nous sommes dépendants énergétiquement parlant ! Appuyer sur un bouton est tellement facile ! Je souhaite que César, mon fils, soit conscient du confort qui est le nôtre, aujourd'hui en France, et qu'il l'apprécie à sa juste valeur. Nous quitterons bientôt notre appartement toulousain pour de bon. Cette vie en totale autonomie nous apporte tellement plus !

La cabane n'est pas équipée d'un réfrigérateur. Comment conserves-tu essentiellement les aliments ?

Je possédais déjà un déshydrateur en ville, un Sedona 9 plateaux. Ainsi, je déshydrate tout ce qui est frais pour en conserver les bienfaits, comme les bananes (je récupère parfois 20 kg d'invendus auprès de mon magasin bio). Seulement, impossible de brancher celui-ci à la cabane, puisque je n'ai pas le courant ! À chaque problème, sa solution : nous avons fabriqué avec mon beau-père, Luc (qui intervient pour le réseau Activie), un séchoir solaire afin de reproduire cette dessiccation et de conserver le trop-plein de fruits ou légumes. Quel bonheur de pouvoir ainsi tout conserver et éviter de gaspiller !

Quels fruits et légumes t'es-tu déjà amusée à déshydrater ?

À peu près tout ! Sans rire, tout y passe ! Je fais même un "arôme" avec des pieds de champignons déshydratés, que je mixe afin d'obtenir un excellent fumet !

Quelles ont été tes plus belles découvertes ?

Le cuir de fruit, sans hésiter ! Surprenant par sa tenue et son goût de fruit prononcé en bouche.
Avec César, on adore faire des bandes que l'on découpe pour les rouler dans du sucre ! Ce sont de fabuleux bonbons naturels, évidemment parfaits pour les petits... et pour les grands aussi !

Enfouissement / Emballage / Enrobage

Le principe de l'enrobage est d'isoler l'aliment du contact de l'air, le plus souvent par une épaisse couche de sable, de paille, d'huile ou d'autres éléments (papier, graisse, cire, chaux, tissu, etc.). Certains aliments périssables finissent en effet par moisir lorsqu'ils sont en présence d'air, d'où l'importance de les protéger.

Carottes des bacs à sable

L'idée de faire des châteaux de sable dans votre cuisine ne vous a jamais effleuré l'esprit ? Le sable peut pourtant faire des miracles sur les légumes racines, car comme chacun sait, placés au réfrigérateur, carottes et autres tubercules ont une fâcheuse tendance à noircir, à ramollir, à devenir peu appétissants, en somme.

Astuce de conservation

Dénichez donc, dans un premier temps, un contenant suffisamment grand pour entreposer vos légumes frais. Remplissez celui-ci de sable fin et propre (en jardinerie). N'ôtez surtout pas la terre ou le sable de vos carottes fraîchement déterrées ou achetées en l'état, afin qu'elles demeurent dans leur "robe" de conservation. Découpez ensuite les fanes, qui puisent la sève des légumes, avec lesquelles vous pourrez réaliser soupe, pesto ou tarte... Cette ultime étape permettra à vos végétaux de se revigorer. Enfouissez un à un vos légumes dans le sable jusqu'à la tête, afin qu'ils ne soient plus en contact avec l'air.

Récup'

Caisse de vin, petit coffre, jardinière, à vous de choisir votre contenant quitte à le personnaliser.

Quoi d'autre ?

Conservez de la même façon panais, pommes de terre, oignons, navets, asperges, céleris-raves, topinambours, salsifis, betteraves, radis, châtaignes, noix, citrons et même pommes. Pensez également à empoter vos têtes d'ail dans un bocal rempli de sable et fermé. Quant au raisin, enfouissez vos grappes sous une épaisse couche de sciure pour les préserver.

La petite histoire...

Cette astuce, qui s'inspire des caveaux de nos ancêtres, permet aux légumes racines de conserver toute leur fraîcheur. Notez qu'autrefois on construisait des petits silos recouverts de paille et de terre afin de protéger tubercules et fruits des intempéries. Outre l'avantage de préserver les végétaux du contact immédiat de l'air, cette méthode permet d'absorber une partie de leur humidité et de préserver leur arôme. D'aucuns enterrent par ailleurs des tambours de machine à laver à 20 cm sous terre. Libre à vous de concevoir ce type de cave à légumes semi-enterrée, à condition tout de même de posséder un jardin suffisamment grand et d'aimer creuser !

Et sinon ?..

Vous pouvez aussi simplement envelopper vos carottes dans un torchon, faire fermenter vos carottes râpées ou les stériliser afin de les consommer en différé.

Les +

La fermeté des carottes qui ne mollissent pas en terre connue.

•

Le côté chasse aux trésors avant de vous lancer dans une potée qui plaira aux petits comme aux grands.

Les -

Expliquer à la petite dernière que, non, elle ne peut pas faire de pâtés sur le plan de travail.

•

La connotation de saleté que peut avoir le sable pour vos invités ou votre belle-mère.

PORTRAIT

Le nukazuké de Yoko

Je me suis un jour offert un cours pour m'initier à l'art du furoshiki, *technique japonaise d'emballage dans des carrés de tissu. C'est Yoko qui animait l'atelier. Nous nous sommes recroisées ensuite à l'occasion de vernissages, c'est ainsi que j'ai pu aborder avec elle la question de la conservation au Japon.*

Yoko, tu prépares un nukazuké, peux-tu nous expliquer ce que c'est ?

C'est un mode de préparation pour la conservation des tukémono, *des aliments macérés avec du vinaigre. Cette technique de préparation existe depuis l'ère Edo (XVIIe siècle). Les aliments ainsi fermentés contiennent beaucoup de vitamine B, voilà pourquoi les Japonaises l'utilisent encore et toujours. Le* tukémono *me manquait (il n'existe pas d'équivalent en France), jusqu'au moment où je me suis mise à en produire moi-même.*

Comment prépare-t-on le nakuzuké ?

La pâte de nukazuké *se nomme* nukadoko, *"*nuka*" signifiant "son de riz" et "*doko*" (*toko*) le "lit", comprendre un lit de son, qui consiste en un simple mélange de riz, de sel et d'eau. Dans un premier temps, on y met des* setéyasai *(morceaux de légumes à jeter) afin de faire monter la fermentation. Au bout d'une semaine, les champignons s'étant développés, on remplace les* setéyasai *par des légumes tels que le concombre, le navet, le radis... Il est très important de tourner la pâte une ou deux fois par jour, car la levure aime le contact avec l'oxygène. Quelques jours après, on peut les déguster ! Ici, en France, il n'est pas facile de trouver du son de riz, mais on peut le remplacer par du son d'avoine.*

Parle-moi un peu des umeboshi ?

*Il s'agit d'une variété de prunes (*ume*), séchées (*boshi*), puis mise en lactofermentation avec des feuilles de shiso pendant au moins six mois.*
On trouve des umeboshi *partout au Japon, y compris sous la forme de vinaigre. L'*umeboshi *est alcanisante (car elle contient du calcium, du manganèse, du potassium...) et on la dit également drainante, mais pas seulement, car elle possède également des pouvoirs antiseptique et antibiotique, d'où sa popularité au Japon ! Les Japonais en glissent par ailleurs au milieu des makis et onigiris. Pourquoi ? Pour leur petit goût acidulé mais aussi et surtout pour optimiser leur conservation !*

Et comme pour le nakuzuké, tu as imaginé une adaptation française de la recette traditionnelle ?

Oui ! À défaut de prunes japonaises, je fais chaque année mes "mirabelloboshis" ! Je vis dans une maison avec jardin, dans le Lauragais.
Ainsi, je cueille mes mirabelles. Je les dispose dans des bocaux en verre, en alternant les fruits avec des couches de sel. Je laisse les bocaux dans le fond d'un placard pendant deux semaines, puis je retire les prunes des contenants afin de les laisser sécher au soleil pendant une à deux semaines.
Enfin, je remets mes mirabelles séchées dans les bocaux avec du jus de betterave pour les faire sécher au soleil avant de les plonger dans du vinaigre salé (ce sont traditionnellement les feuilles de shiso qui confèrent aux umeboshi leur couleur rose fuchsia, mais comme je n'en ai pas suffisamment au jardin, je les remplace par du jus de betterave).

Pourquoi faire tes "mirabelloboshis" chaque année ?

Parce que c'est un fil entre mon pays d'origine et moi. Parce je ne pourrais me passer de leur goût si particulier, salé et acidulé à la fois. Parce que je connais leurs bénéfices santé et parce qu'elles me permettent de parfumer les sauces et les plats !

Courges en barrique

Si la plupart des légumes se conservent dans un local frais et sombre, ce n'est pas le cas des courges. En effet, ces dernières ont surtout besoin de chaleur. Il est donc impensable d'entreposer ne serait-ce qu'une tranche de courge au réfrigérateur. En outre, malgré leur allure solide et leur peau résistante, les cucurbitacées demandent de l'attention pour ne pas s'abîmer. Ainsi, pour les conserver le mieux possible, elles doivent être exemptes de toute meurtrissure. Un choc, un amas de terre pris dans un pli seront, en effet, autant de portes ouvertes aux bactéries et à la pourriture.

Astuce de conservation

Cueillez ou choisissez des courges avec pédoncule (notez qu'arracher celui-ci peut provoquer une plaie préjudiciable à la conservation du fruit). Lavez-les soigneusement à l'eau claire, en veillant à ne laisser ni terre, ni insecte sur leur écorce (une brosse ou une balayette peuvent être d'une grande utilité pour passer entre les plis de celles-ci). Essuyez-les ensuite avec un chiffon, car elles doivent impérativement être stockées sèches. Laissez-les, autant que faire se peut, sécher au soleil. L'air libre, non content d'optimiser leur séchage, permet de réduire la forte teneur en eau des fruits, laquelle améliore les qualités gustatives des cucurbitacées en plus d'optimiser leur conservation. Stockez ainsi vos cucurbitacées dans un endroit propre, aéré et hors gel, sur des étagères ajourées, palettes, claies ou bien encore dans une cagette. Il est aussi possible de les entreposer sur un béton lisse ou à même le sol, si celui-ci est isolé par de la paille sèche ou du carton ondulé. Enfin, pourquoi pas dans votre cuisine, près de la chaudière ou dans le garage ? Si vous avez plusieurs courges à conserver, prévoyez un petit aménagement spécifique afin de ne pas les entreposer les unes sur les autres. L'idéal : un tonneau ! En effet, une barrique de vin peut faire office de garde-manger à condition que les températures ne passent pas en dessous de zéro ! Procurez-vous un grand contenant de 75 litres (tonneau en bois de récupération ou simplement une grande poubelle). Disposez au fond une couche de sable parfaitement sec. Déposez quelques cucurbitacées et recouvrez-les entièrement de sable. La courge ayant la fâcheuse tendance à transpirer, elle sera ainsi maintenue à l'abri de toute humidité !

La petite histoire...

On conservait autrefois les cucurbitacées en haut des armoires ou dans les étables, sur un lit de paille douillet, afin qu'elles ne gèlent pas.

Quoi d'autre ?

Vous pouvez, par ailleurs, utiliser cette méthode pour conserver des pommes et des poires.

Les +

Dedans, dehors, les courges font des merveilles d'un point de vue décoratif.

•

Leur résistance au temps, si on les conserve entières, à température ambiante.

Les -

La nécessité de consommer sans délai le morceau entamé.

•

Trouver à l'accommoder chaque fois différemment pour ne pas se lasser.

Frigo du désert

Le fonctionnement du frigo du désert est simple : deux pots en terre cuite, l'un dans l'autre, du sable imbibé d'eau disposé entre les deux. À mesure que l'eau s'évapore, l'intérieur se refroidit. Une étude a confirmé l'efficacité du système, en précisant que les aliments y sont conservés dix fois plus longtemps que d'ordinaire. Prenez l'exemple d'une tomate : laissée à l'air libre, elle se conserve en moyenne trois jours. Dans le frigo du désert, elle a toutes les chances de rester fraîche trois semaines ! Le pot est efficace dans les climats chauds et secs, y compris dans le Sud de la France !

Astuce de conservation

Pour fabriquer son frigo du désert, il suffit de se munir de deux pots en terre cuite (poreuse) ou en argile non émaillés de deux diamètres différents. Si vos pots possèdent des trous, bouchez-les avec deux bouchons de liège. Reste à tapisser le grand modèle avec du sable avant d'y déposer le petit afin que celui-ci soit à la même hauteur que le grand. Enfin, remplissez de sable à la main ou à l'aide d'une petite pelle, l'espace entre les deux pots. Attention à bien conserver le niveau de sable 2 cm plus bas que le haut du pot intérieur, afin de faciliter l'arrosage sans risque de débordement dans le pot intérieur. Nettoyez le pot intérieur avant d'arroser soigneusement le sable d'eau. Laissez refroidir avant d'entreposer vos fruits ou légumes. Recouvrez le tout d'un tissu mouillé et entreposez dans un lieu sec et aéré.

Récup'

Regardez dans votre abri de jardin (si par chance vous en possédez un) si quelques pots en terre n'y traînent pas... Sinon, courez les vide-greniers ou les entrepôts Emmaüs pour trouver des pots pour votre nouveau frigo.

La petite histoire...

Initialement conçu pour économiser les ressources en Afrique, où les conditions de vie et d'alimentation sont précaires selon les régions, le frigo du désert, également appelé "*Pot Zeer* ", est un moyen écologique de conservation des fruits et légumes. Inventé par Mohammed Bah Abba, un enseignant nigérian, le *zeer* a initialement été mis au point afin de venir en aide aux familles soudanaises.

Les +

La simplicité d'utilisation et de compréhension du dispositif.

•

L'avantage santé : le zeer maintient la teneur en vitamines et en nutriments des aliments.

Les –

L'arrosage régulier indispensable.

•

L'aspect rustique et peu esthétique de cette solution.

Pain, l'affaire est dans le sac

Le pain compte également parmi ces aliments que nous plaçons, à tort, au réfrigérateur. Grave erreur : il vieillit plus vite à basse température et perd en goût. En moyenne, le pain qui est conservé à 7 °C met un jour à durcir, contre six sous une température de 20 °C !

Astuce de conservation

Notez que toutes les variétés de pain ne sont pas égales face à la conservation. Ainsi, le seigle, le pain complet et le pain de mie se garderont plus longtemps que le pain blanc ou de campagne, tout comme une forme ronde se conserve plus longtemps qu'une baguette, du fait de son diamètre plus important. Plus généralement, le pain au levain naturel se conserve bien plus longtemps que les pains fabriqués avec de la levure industrielle. Par ailleurs, évitez de le faire trancher à l'avance. Un pain se conserve entier, sans quoi il sèche plus vite que son ombre ! La mie étant sensible à l'atmosphère, la première chose à faire est de ne pas laisser votre pain à l'air libre. Aussitôt qu'on l'a acheté, on emballe soigneusement le pain de la semaine dans un torchon propre ou un joli sac en toile. Mieux encore, on part à la boulangerie avec son sac à pain afin d'éviter la production d'un déchet inutile. Assurez-vous que le linge utilisé ne soit pas humide, sinon votre pain perdrait tout son moelleux, et veillez bien à ce qu'aucune lessive parfumée ou aucun adoucissant n'ait pénétré la fibre !

Récup'

N'hésitez pas à chiner du beau linge ancien – draps, nappes, serviettes de table – afin de confectionner un ou plusieurs sacs de différents gabarits. Autre astuce, plus insolite : si vous rangez votre pain dans une huche ou dans une boîte hermétique, posez une pomme à côté. Changez de pomme chaque semaine afin d'être sûr que le pain ne devienne pas rassis (sa croûte devient alors dure et sa mie s'assèche). Certaines de nos grands-mères mettent également en lieu et place de la pomme un morceau de sucre ou une pomme de terre . Ce "truc" vieux comme le monde fonctionne aussi pour les gâteaux et les biscuits secs. Vous pourrez ainsi facilement conserver votre pain plus d'une semaine !

La petite histoire...

Cette astuce n'est pas sans évoquer les habitudes des anciens qui, à défaut de huche à pain (boîte en bois de pin ou de résine, idéal pour ne pas contaminer le pain) ou de panière intégrée au vaisselier, enrobaient invariablement leur miche dans un linge qu'ils nouaient et dénouaient à mesure de leurs besoins. La technique est évidemment très largement répandue en Asie, continent qui a élevé le pliage au rang d'art (le *furoshiki* japonais et le *bogaji* coréen.) Il vous reste un morceau de pain dur ? Disposez-le à proximité de vos légumes, quels qu'ils soient, pour prolonger leur conservation !

Les +

Conserver son pain frais et croustillant plus longtemps.

•

La possibilité d'accorder son sac à pain aux serviettes de table, à la nappe, aux rideaux, et d'en faire un objet déco.

Les –

Le nettoyage hebdomadaire du contenant.

Pêches dans de beaux draps (de soie)

Pêches jaunes, blanches, de vigne, brugnons, nectarines, abricots... Vade retro frigidas, car le froid anéantit la saveur des fruits d'été en plus de rendre leur chair farineuse. Cela, dit parce qu'elles contiennent beaucoup d'eau, les pêches sont hautement périssables. Aussi, consommez-les rapidement une fois les fruits achetés ou récoltés.

Astuce de conservation

Choisissez toujours des fruits encore un peu durs (que vous les cueilliez sur l'arbre ou que vous les sélectionniez sur un étal), car ils continueront de mûrir à température ambiante. Ayez l'œil lors de vos achats : les fruits sont-ils alignés dans des cagettes ou empilés ? Empilés, ils auront tendance à s'abîmer beaucoup plus vite... à moins que vous ne décidiez de réaliser quelques pots de compote "maison", bien entendu. Disposez toujours vos pêches à plat, en veillant à ce qu'aucune ne présente des taches ou des meurtrissures. En effet, leur peau duveteuse et veloutée demeure extrêmement délicate. Afin d'optimiser leur conservation, vous pouvez envelopper vos fruits d'été dans un tissu de soie. Matière noble, hautement réputée pour sa résistance et son élasticité, la soie est désormais reconnue pour ses qualités conservatrices. Enrobez ainsi vos fruits dans des carrés d'étoffe, comme de précieux cadeaux.

Récup'

Vous pouvez bien évidemment glaner des chutes de tissu dans des friperies, chez Emmaüs ou à l'occasion de vide-greniers, à moins que vous ne préfériez chiner un joli compotier (plat sur pied, de type serviteur). Placé dans un endroit frais, celui-ci vous permettra également de conserver vos fruits.

La petite histoire...

Saviez-vous que pyjamas et draps de soie ont la capacité de ralentir les effets du vieillissement de la peau ? Notez que des chercheurs de l'université Tufts (dans le Massachusetts) viennent de concevoir une lotion élaborée à partir de fibroïne de soie. Les fraises ainsi enrobées se sont avérées, sept jours plus tard, aussi fermes et juteuses qu'au début de l'expérience. Le revêtement de soie aurait, en effet, rendu les fruits rouges moins perméables à l'oxygène.

Et sinon ?

Les pêches contenant de l'eau et du sucre en quantité, il est possible de les conserver dans un sirop. Pour cela, il convient de réaliser un sirop composé d'eau et de sucre qui sert de liquide de couverture. Pour des fruits au sirop léger, réalisés dans un grand bocal en verre, comptez environ 1 L d'eau et 250 g de sucre. Versez ce sirop bouillant jusqu'à 2 cm du rebord pour qu'il recouvre complètement les fruits. Procédez immédiatement au traitement thermique, pendant 30 minutes à 100 °C.

Les +

L'incroyable capacité de conservation du tissu.

•

La préciosité de l'objet.

Les –

Le prix de la précieuse étoffe.

Clémentines en papillotes

De nombreuses personnes pensent que le fait de placer les clémentines au réfrigérateur leur permettra de rester fraîches... grave erreur ! Elles doivent, elles aussi, être conservées à température ambiante, sous peine de devenir insipides.

Astuce de conservation

La meilleure méthode de conservation des agrumes consiste à les envelopper individuellement dans du papier ou, mieux encore, dans du papier de soie (oui, celui que l'on trouve en magasins de loisirs créatifs !), également appelé papier mousseline, ce que font d'ailleurs encore certains producteurs. Néanmoins, force est de constater que cette pratique, très coûteuse en main-d'œuvre, se raréfie au profit d'enrobages chimiques, de chambres froides et consorts ! Protégés par la fibre fragile et délicate, agissant comme une seconde peau, et ainsi maintenus dans l'obscurité, fruits et légumes tarderont à se décomposer. Outre sa capacité à neutraliser les odeurs, l'enrobage dans du papier évitera que les fruits ne se touchent, car qui dit contact dit contamination. Le matériau, réputé pour son étanchéité aux graisses et à l'humidité, est également préconisé pour la conservation des graines séchées à germer. Il suffit donc d'enrober chaque agrume dans une feuille de papier avant de refermer l'emballage par un ou deux tortillons.

Récup'

Prenez l'habitude de mettre de côté les chutes de papier de soie, protection qui se doit d'être elle-même manipulée avec douceur et qui s'emploie encore comme faire-valoir des objets précieux. Le papier de soie, à travers le cérémonial qu'il offre à l'ouverture, possède, en effet, une valeur aussi importante que ce qu'il contient. Comme dans un déshabillage, il s'effeuille, jouant avec la semi-transparence.

La petite histoire...

Entre 1900 et 1910, on fabriquait ce que l'on surnommait des "papiers d'orange" pour protéger les fruits lors du transport. Ensuite, quand les techniques de conservation se sont améliorées, le papier a davantage été utilisé pour véhiculer un nom, une illustration, afin de se démarquer des concurrents. D'ailleurs, saviez-vous que ces "papiers d'agrumes" sont devenus l'objet de collections et que cette pratique porte le nom, somme toute insolite, de légufrulabélophilie !

Les +

Une activité ludique pour les petits qui pourront personnaliser l'emballage des fruits.

La considération des agrumes, comme une gourmandise précieuse.

Le parfum enivrant à l'ouverture.

Les -

Le temps nécessaire à l'opération.

Poires encapuchonnées de cire

Bien plus délicates que leurs consœurs saisonnières, les pommes, les poires, très sensibles aux chocs, notamment les variétés gorgées de jus, sont extrêmement délicates à conserver. Force est de constater qu'au moindre bleu elles se gâtent, à moins de cautériser comme suit leur pédoncule, afin d'empêcher leur déshydratation en limitant l'évaporation de l'eau qu'elles contiennent.

Astuce de conservation

La cire, produite par de jeunes abeilles entre leur douzième et dix-neuvième jour afin de bâtir les rayons de la ruche, permet de conserver le miel. Le fruit de leur labeur est ainsi stocké dans des alvéoles qui, une fois remplies, sont operculées par une mince pellicule de cire. Avec 1 kg de cire, les abeilles peuvent stocker 10 à 11 kg de miel.
Pour réaliser des capuchons de cire naturelle pour vos poires, préparez simplement un bain de cire en faisant fondre une petite poignée de paillettes dans une casserole afin d'y tremper chaque pédoncule. Laissez ensuite vos fruits sécher à l'air libre. Disposez-les dans une clayette dans un endroit frais. Ce procédé retardera leur maturation de plusieurs mois, à condition tout de même que vous opériez sitôt celles-ci récoltées ou achetées.

Récup'

Une cire n'est jamais "perdue", pensez à la recycler pour fabriquer vos bougies maison. On peut aussi prolonger la durée de vie des poires en les enveloppant dans du papier kraft.

La petite histoire...

Cette cire naturelle n'a évidemment rien à voir avec la cire industrielle, hautement nocive, dont peuvent être recouvertes certaines pommes proposées en grande surface, qui optimise leur brillance et leur conservation. Sachez que bien d'autres aliments sont concernés par cet enrobage chimique, parmi lesquels : l'ananas, l'avocat, la cerise, le citron lime, le litchi, le melon, la nectarine, l'orange, le pamplemousse, la pêche, la poire, l'aubergine, la citrouille, la pomme de terre, le poivron ou encore la tomate, pour n'en citer que quelques-uns. Par ailleurs, la cire permet de conserver jusqu'à dix ans et plus certains fromages à pâte dure. Pour cela, on recouvre entièrement les fromages de cire préalablement chauffée afin de les en enrober. Oui, le plus célèbre exemple de fromage ciré, en France, est le Mini Babybel®, réplique réduite des grosses meules de fromages hollandais. Seulement, j'ose espérer que vous lui préférez une savoureuse tomme noire des Pyrénées.

Les +

La beauté du geste.
•
La joliesse des fruits scellés exposés sur une étagère.
•
Le plaisir que l'activité procure aux plus petits.

Les -

Le nettoyage de la casserole qui a contenu la cire d'abeille fondue ; on doit la chauffer de nouveau afin de l'essuyer encore chaude avant qu'elle ne refroidisse et ne durcisse.
•
Le coût parfois élevé de la cire d'abeille. Mieux vaut s'adresser directement à un apiculteur.

Restes bien conservés

Que ce soit pour conserver nos restes ou transporter un sandwich, dans un récipient, nous avons souvent besoin d'un film protecteur pour nos aliments. Or, savez-vous qu'il est possible de fabriquer son propre film alimentaire (alternative au film plastique ou au papier aluminium), appelé* bee wrap. *L'idée : imperméabiliser un tissu avec de la cire d'abeille fondue afin d'obtenir un emballage réutilisable à l'infini. Pour ce faire, il suffit de recycler de vieux draps, torchons ou tout autre tissu fin, de préférence écologique, tel que le chanvre, le lin ou le coton.

Astuce de conservation

Lavez et faites sécher deux tissus (pas trop épais) découpés selon le gabarit de votre choix (éventuellement avec des ciseaux crantés) avant de les appliquer, l'un sur l'autre, sur la plaque (lèchefrite) de votre four (celui du dessous évitera que votre plaque ne soit salie). Répartissez uniformément sur le tissu du dessus, préalablement déposé sur la plaque de cuisson, vos pépites de cire d'abeille (n'en mettez pas trop cependant, car en fondant celles-ci vont s'étaler sur l'ensemble du tissu). Enfournez à 85 °C pour 5 à 10 minutes environ. Observez la cire en train de fondre afin de déterminer l'arrêt de la cuisson. Sortez du four votre tissu nappé de cire afin de le laisser sécher et durcir pendant environ 2 minutes. Lavez votre tissu imprégné à l'aide d'une éponge humidifiée à l'eau froide agrémentée d'un peu de savon liquide ou de liquide vaisselle (ne le passez pas en machine, au risque de le détériorer) et laissez sécher à plat. Avec vos emballages réutilisables à la cire d'abeille, vous pourrez recouvrir vos restes, emballer fromages, sandwichs, légumes entamés, beurre et même biscuits du goûter ! N'hésitez pas à réchauffer un peu le tissu dans vos mains avant toute utilisation, il ne s'appliquera que mieux sur le pourtour de vos récipients !

La petite histoire...

Saviez-vous que les Égyptiens employaient déjà la cire d'abeille à diverses fins : embaumer les corps des défunts souverains, faire de la colle, étancher les pots en terre cuite ?

Et sinon ?

Pour celles et ceux qui souhaiteraient conserver leurs aliments avec un film naturel mais qui ne trouveraient pas le temps de le fabriquer, sachez que les marques *Abeego* et *Beeswax* en proposent à la vente sur Internet. Seul bémol, l'empreinte carbone d'une commande outre-Atlantique, car votre commande sera envoyée depuis le Canada !

Les +

La praticité du bee wrap à l'heure du pique-nique, du goûter des enfants, etc.

•

La possibilité de fabriquer le film en famille.

•

L'efficacité de la cire pour conserver les petits restes.

Les –

Mieux vaut dénicher des étoffes en matière naturelle telles que du lin, du chanvre ou du coton biologiques.

•

La volonté de se lancer.

PORTRAIT

Les emballages en cire d'abeille de Charles

J'ai rencontré Charles à l'occasion d'un reportage sur son travail en tant que cirier. Le courant est évidemment très vite passé entre nous et nous sommes restés en contact. Personne mieux que lui ne pouvait parler de ce fabuleux matériau qu'est la cire d'abeille...

Charles, qu'est-ce qui t'a amené à fabriquer des bougies et des savons en cire d'abeille 100 % naturelle ?

Un jour, en cherchant des bougies naturelles pour un cadeau, j'ai commandé chez un apiculteur des bougies en cire d'abeille. Je suis tout de suite tombé amoureux de la cire, de son parfum et surtout de l'univers des abeilles que je ne connaissais pas du tout. Le lendemain, j'ai commandé plusieurs kilos de cire et me suis amusé à faire des bougies dans ma cuisine.

Après quelque temps de recherche et développement, ma marque de bougies, Apis Cera, est née.

Comment cette cire est-elle récupérée par les apiculteurs ?

Il faut 150 000 abeilles qui consomment 10 kg de miel et 1 kg de pollen pour produire 1 seul kilo de cire. C'est pourquoi c'est un matériau rare et cher.

La cire que j'utilise est la cire d'opercule : il s'agit de la plus pure, de la plus parfumée et de la plus qualitative. La cire d'opercule scelle les alvéoles qui contiennent le miel. Elle est ensuite filtrée plusieurs fois dans l'eau afin d'ôter tout résidu. Elle est enfin prête à être fondue.

La cire d'abeille possède pléthore de qualités...

Lorsqu'on dit que la ruche est un trésor, cela est aussi vrai pour la cire !

En plus d'être un excellent combustible pour nos bougies, elle possède mille atouts : conservateur, imperméabilisant, additif alimentaire (E901), encaustique, épaississant dans les produits de beauté, on l'utilise également dans l'industrie textile pour teindre les tissus en batik.

On y recourt depuis la nuit des temps, peux-tu nous citer quelques utilisations ancestrales ?

En fait, l'usage de la cire d'abeille a peu évolué dans le temps, la preuve en est avec les bougies en cire. Les sabots des chevaux étaient et sont toujours réparés avec cette même cire d'abeille et on l'utilise toujours dans les produits lavants. C'est un matériau transgénérationnel !

Que sont les "beeswax wraps" ou "emballages à la cire d'abeille" ?

Il s'agit d'un nouvel usage de la cire d'abeille qui s'est d'abord popularisé aux États-Unis. Le miel dans les alvéoles operculés est inaltérable, il se conserve... éternellement ! De là est née l'idée de créer nous-mêmes des semblants d'alvéoles, ou ce qui s'en rapproche, pour conserver nos aliments. Ce sont donc des emballages en cire d'abeille ultra-simples à fabriquer ! Il faut pour cela faire fondre une petite quantité de cire d'abeille biologique dans un plat allant au four, puis imbiber un carré de tissu en coton dans la cire fondue. Une fois le tissu égoutté et refroidi, vous voilà en possession d'un superbe wrap en cire d'abeille, très hygiénique. Pour l'utiliser, il suffit de le placer sur un bol ou un saladier et, avec la chaleur de vos mains, de le mouler autour du bol pour épouser sa forme. Vous pouvez aussi vous en servir à même la nourriture, sur un fruit coupé en deux, par exemple, pour emballer un fromage ou faire un petit sachet de noix. Ce processus est infini et vous pourrez laver votre emballage de cire sous l'eau froide. Facile, économique et écologique ! D'ailleurs, je compte en proposer très prochainement. Merci aux abeilles pour l'inspiration !

Œufs dans le même panier

Que dit la réglementation européenne relative à la conservation des œufs (article 7) ? "Les œufs réfrigérés laissés à température ambiante peuvent se couvrir de condensation, ce qui favorise la prolifération des bactéries sur la coquille et probablement leur pénétration dans l'œuf. C'est pourquoi il convient de préférence que les œufs soient stockés et transportés à température constante et, en règle générale, qu'ils ne soient pas réfrigérés avant leur vente au consommateur final." Pourquoi ? Parce que la coquille produit sa propre défense, or cette défense est minimisée par le froid. Dès lors, la coquille, devenue poreuse, laisse les microbes la pénétrer. Il semblerait, de surcroît, que les œufs mis au frais perdent toute saveur. Veillez toutefois à les tenir éloigner de toute source de chaleur (soleil, four, plaque de cuisson, radiateur...).

Astuce de conservation

Si vous récoltez les œufs de vos poules, pensez à les prendre tous les jours, en hiver afin d'éviter qu'ils ne gèlent, et en été pour leur éviter un coup de chaud. Pensez aussi à noter la date de ponte au crayon à papier si vos poules sont prolifiques. Enfin, vérifiez toujours qu'ils ne soient pas fissurés, car des bactéries de type salmonelle risqueraient de s'y développer. Ne les lavez sous aucun prétexte, vous détruiriez la pellicule qui protège la coquille et qui participe à leur conservation. Enfin, conservez-les tête en bas (la pointe vers le sol), afin que le jaune reste bien centré, enveloppés dans du papier. Ainsi nichés, vos œufs se conserveront bien plus longtemps. Si vous avez un doute sur la fraîcheur d'un œuf, plongez-le dans un verre d'eau. Un œuf pourri flottera ! En effet, en vieillissant un œuf perd de son eau et la bulle d'air qu'il contient se gonfle. Ainsi, plus un œuf est vieux, plus il flotte ! S'il nage entre deux eaux, consommez-le rapidement en le faisant cuire. Par ailleurs, éloignez toujours vos œufs des aliments odorants tels que l'oignon ou le fromage, car rappelons qu'ils ont la faculté d'absorber toutes les odeurs.

Récup'

Au retour du marché, bien des gens jettent la boîte en carton contenant les œufs, or elle est idéale pour les conserver à moindres frais. J'ai, pour ma part, choisi de jouer la carte upcycling en les enveloppant dans une carte routière (car il s'agit là de la production de nos poules).

La petite histoire...

Autrefois, on prolongeait la conservation des œufs par immersion dans un sac de grain ou de paille, dans de la cendre, ou bien on les enveloppait un à un dans un film protecteur tel que du papier journal pour les disposer dans un endroit frais (entre 5 et 8 °C). Dans certaines contrées, en France mais également en Chine, on pouvait également plonger les œufs dans de grands pots en grès avant de les recouvrir de chaux ou de silicate de soude afin de boucher les pores des coquilles, empêchant ainsi le contenu de s'oxyder.

Les +

L'aspect déco de cette petite astuce récup'.

•

Le plaisir que ce déballage offre aux plus petits à l'heure de faire des crêpes.

Fromage dans de l'huile de jouvence

La macération à l'huile d'olive est idéale pour conserver pendant quelques jours des petits fromages de chèvre frais ou à pâte persillée (tels que le roquefort). L'huile, merveilleux isolant, provoque, en effet, l'arrêt du séchage du fromage tout en lui conférant une saveur aromatisée d'herbes, de baies, d'épices, de poivres…

Astuce de conservation

Choisissez un ou plusieurs fromages bien frais (suivant leur gabarit). Prenez un petit bocal pouvant être fermé hermétiquement avec une bague en caoutchouc, préalablement stérilisé. Ajoutez des herbes à mesure que vous empilez les fromages (thym, romarin, laurier, sarriette…), puis enfoncez des brins d'herbes aromatiques à la verticale le long des bords de votre marinade conserve. Parfumez-les toujours avec des herbes parfaitement sèches et du poivre en grains (comptez 4 grains par fromage). Enfin, versez l'huile d'olive, de bonne qualité, jusqu'à ce que tous les fromages en soient recouverts. La durée de vie de la conserve à l'huile est limitée du fait qu'elle n'élimine ni l'eau ni les micro-organismes des aliments, c'est pourquoi il vaut mieux consommer le fromage dans la semaine qui suit son achat.

Quoi d'autre ?

Aubergines, tomates, champignons, courgettes, poivrons, ail, l'huile permet de prolonger la durée de vie de nombre de légumes d'été.

Les +

Les arômes fabuleux que le procédé confère au fromage.

•

La tendreté de la pâte.

•

La possibilité de transporter ses petits fromages nomades à l'occasion de pique-niques et de les ajouter à ses salades.

Les –

L'observation du plongeur.
Si celui-ci a noirci ou s'il vous semble acide au palais, renoncez à le déguster.

Antiseptiques

Fumée, vinaigre, sel, sucre, alcool, les antiseptiques ont le pouvoir de limiter le développement microbien.

- Le fumage consiste à soumettre une denrée alimentaire à l'action des composés gazeux qui se dégagent lors de la combustion de végétaux. Il permet de conserver les viandes et les poissons grâce à l'opération combinée de dessiccation sous l'effet de la chaleur et des antiseptiques contenus dans la fumée, donnant aux aliments ainsi traités un goût de feu de bois.
- Le vinaigre, qui contient de l'acide acétique, est un antiseptique qui limite le développement microbien à la condition que celui-ci titre au moins 15°. Il peut provenir du vin rouge, du vin blanc, d'alcool, de cidre, l'alcool étant évidemment un excellent antiseptique qui permet de conserver les fruits et les légumes.
- Le salage agit également comme antiseptique, car il freine le développement des micro-organismes et favorise la bonne conservation des fromages, de la viande, du poisson... L'opération consiste à répandre du sel sec à la surface d'une denrée à traiter, à raison de 15 % de son poids, pour en provoquer la déshydratation et ainsi empêcher le développement de bactéries. On parle de saumure lorsqu'il s'agit de réaliser une solution concentrée en sel.
- La conservation par le sucre peut se faire à chaud : l'aliment perd dans ce cas une partie de l'eau qu'il contient par évaporation, tandis que le sucre dissous se lie aux molécules d'eau, les rendant indisponibles pour la croissance des micro-organismes (confitures).
  À froid : la préparation consiste à remplacer par osmose l'eau d'un fruit par du sucre qui en assure la conservation (fruits confits).
- L'alcool (au moins 40°), qui pénètre dans les fruits remplace petit à petit l'eau de végétation. Cette substitution permet de tuer toutes les bactéries et les micro-organismes.

Haiku

Magret de canard en momie

La viande est un aliment qui se dégrade si on ne lui applique pas de traitement de conservation. Heureusement, une technique ancestrale permet de la conserver facilement : la salaison (qui permet de se débarrasser, par l'intermédiaire du sel, de l'excédent d'eau du morceau avant de le laisser sécher à l'air libre.) Avant d'expérimenter le procédé, jamais je n'aurais imaginé être en mesure de réaliser moi-même des petites salaisons maison sans tour de main particulier, ni matériel professionnel. Seules qualités nécessaires à l'opération : une hygiène parfaite des ustensiles et de la patience, puisque trois semaines sont nécessaires avant toute dégustation.

Astuce de conservation

Procurez-vous un beau magret de canard et 1 kg de gros sel de Guérande. Ôtez les résidus graisseux, nerfs, ainsi que l'excédent de gras qui dépasse de la chair, en laissant toutefois l'épaisse couche de graisse qui nappe le côté peau, car elle limite la pénétration du sel en excès et conserve la tendreté de la viande. Séchez soigneusement le morceau avec un chiffon propre. Remplissez un saladier avec 500 g de gros sel, posez le magret sur ce lit et recouvrez des 500 g de gros sel restants. Tassez. Recouvrez d'un linge propre et laissez reposer pendant 24 heures. Rincez légèrement à l'eau froide. Essuyez bien. Épicez très généreusement pour le goût et pour profiter des propriétés antiseptiques d'un mélange quatre épices. Assaisonnez d'herbe (romarin, laurier, fenouil...). Enveloppez le magret dans un torchon propre (lavé sans assouplissant, au risque de parfumer votre viande séchée à la lavande) et troussez le tissu à l'aide d'une ficelle (laissez un bout plus long d'un côté pour pouvoir la suspendre). Suspendez, in fine, votre ouvrage à un crochet dans un endroit sombre et frais pendant environ vingt jours (la température ne doit pas excéder les 21 °C).

Récup'

Vous pourrez récupérer le sel et vous en resservir à condition de le faire sécher au four (à 60 °C). À en croire les producteurs de jambons de Bayonne, il peut, en effet, servir des dizaines et des dizaines de fois !

La petite histoire...

Ce procédé de conservation, qui consiste à ôter l'eau contenue dans la viande et le poisson, remonte à l'Antiquité.

Les +

Le procédé, à la portée de tous.

•

Le goût exquis de la viande séchée.

•

La possibilité de l'emporter en pique-nique, en bivouac...

•

La fierté de servir sa charcuterie maison à l'heure de l'apéritif.

Les –

La patience indispensable pour laisser le temps faire son œuvre.

PORTRAIT

La viande et le poisson fumés de John C.

Pendant que le monde s'affole autour de lui à grand renfort de technologie, il vit une existence authentique et traditionnelle à l'abri des montagnes pyrénéennes. J'ai rencontré John C. à l'occasion d'un stage de "cuisine sauvage" qu'il organisait. Aussi, qui mieux que cet éclaireur pisteur et instructeur de survie pouvait me donner une leçon de fumage ?

John, est-ce que ce sont tes aïeux qui t'ont appris à (sur)vivre dans la nature en totale autosuffisance ?

Oui, en partie. J'ai eu la chance de grandir au carrefour de plusieurs cultures dont celles des cosaques et des Bachkirs, peuple semi-nomade.

L'ouverture d'esprit donnée par ce mélange de cultures m'a permis d'acquérir une force et une capacité d'adaptation face aux situations.

Passé l'adolescence, j'ai eu à cœur d'aller à la rencontre des anciens pour explorer et apprendre leurs us et coutumes, afin de les préserver.

Quel message essentiel t'ont-ils transmis ?

En Russie, notamment dans la culture bachkire, on s'applique à vivre en harmonie avec son environnement. Il s'agit d'un mode de vie empreint de simplicité et de pragmatisme, mêlé à un véritable amour de la nature.

Pour ce qui est de la transmission, un dicton cosaque dit que "si les cosaques sont le fer de la lance, les femmes en sont la hampe". C'est encore très vrai aujourd'hui. Les femmes jouent un rôle essentiel dans notre culture, en veillant à l'approvisionnement, en travaillant à la fabrication de divers matériels, en maîtrisant les médecines naturelles...

J'ai moi-même ainsi beaucoup appris de mon arrière-grand-mère, Isadora, de ma grand-mère, Maï, de ma mère et de mes tantes. Je garde en mémoire ces images de ma grand-mère ramassant des aiguilles de pin pour soigner nos maux de gorge, récoltant du miel, de l'argile et du charbon de bois (éléments fondamentaux de notre pharmacopée), fabriquant des boîtes de conservation à partir d'écorces de bouleau et même un tchoum, frigo extérieur élaboré à partir de bois, d'argile et recouvert de mousse que l'on arrose régulièrement et qui permet de maintenir les aliments au frais.

Peux-tu nous expliquer en quoi consiste la méthode du fumage ?

Il s'agit d'une technique ancestrale pour prolonger la durée de consommation de la viande et du poisson.

On doit tout d'abord ôter les parties nervurées de la viande, car se sont-elles qui permettent le transport de l'eau, susceptible d'être la cause du développement des bactéries.

On découpe ensuite le morceau de viande en lamelles que l'on recouvre de sel afin d'en extraire l'eau. Une fois cette étape passée, on malaxe les lamelles dans un mélange poivre-épices avant de les disposer sur la grille. Les tanins de la fumée (qui nécessitent une chaleur douce, autour de 20-25 °C), vont non seulement faire tomber le sel, mais pénétrer dans les pores de la chair, détruisant ainsi toute bactérie.

On laisse alors le fumage opérer six heures durant, en prenant soin de retourner les morceaux toutes les deux heures. Il en va de même pour le poisson, ici des harengs ayant mariné dans l'huile, en attendant leur heure.

Considéré comme l'équivalent d'une viande blanche, le poisson aura tendance à se dessécher beaucoup plus rapidement, on le laisse donc moins longtemps.

ATTENTION !

En ce qui concerne le fumage, la règlementation européenne est stricte. Elle interdit notamment l'usage de résineux.
Seule la sciure de hêtre est autorisée.
Par ailleurs, ajouté à la conservation par séchage, le fumage modifie les qualités organoleptiques de la viande, changeant sa coloration, sa texture et sa saveur.
De plus, il faut éviter, de consommer trop d'aliments fumés, car ce mode de conservation introduit des produits qui peuvent être nocifs.

ILMABOR
TGI
1000ml
MADE IN GERMANY

Fraises qui ne tournent pas au vinaigre

Les fruits rouges sont très périssables : il est globalement conseillé de les consommer dans les deux à trois jours qui suivent leur achat. Il existe toutefois de nombreuses solutions pour profiter de leur saveur un peu plus longtemps. Il est, par exemple, possible d'en faire de délicieuses confitures maison, mais aussi du vin, du sirop ou encore de la liqueur ! Plus original encore, du vinaigre !

Astuce de conservation

Choisissez des fruits charnus et parfumés (300 g). Rincez délicatement les fraises à l'eau claire. Ôtez les queues et taillez vos fruits grossièrement avant de les placer dans une bouteille stérilisée avec du vinaigre de cidre ou de vin blanc (50 cl). Ajoutez 3 cuillerées à soupe de miel et éventuellement quelques baies de Sichuan. Laissez macérer environ deux à trois semaines à l'air libre (oubliez donc le bouchon), en prenant soin de mélanger régulièrement votre macérat. Mixez avant de réembouteiller afin d'obtenir un vinaigre de fruits en bonne et due forme (qui aura l'aspect d'une purée de fruits un peu liquide). Utilisez ce vinaigre sur vos salades de fruits, dans la composition de vos vinaigrettes ou pour déglacer un magret. Notez que ce vinaigre, disposé à l'abri de la lumière, peut se conserver jusqu'à deux ans. Sans aller jusqu'à la fabrication d'un vinaigre, sachez que vous pouvez prolonger visiblement la durée de vos fruits rouges en les rinçant avec une eau vinaigrée (1 tasse de vinaigre pour 10 tasses d'eau). Disposez-les ensuite dans une passoire à petits fruits, dans un endroit sec et frais, en attendant de les consommer.

La petite histoire...

L'apparition du vinaigre remonte à la naissance du vin, puisqu'il en découle. Par ailleurs, autrefois vinaigre s'écrivait en deux mots " vin aigre " ; il était issu d'un vin dont le bouchon avait été mal positionné sur le goulot. Très vite, on l'a utilisé en cuisine pour la conservation des aliments et l'assaisonnement des recettes. Ce que l'on sait moins, c'est que les premières traces de vinaigre ont été découvertes en Mésopotamie et en Égypte, et remontent à plus de 5 000 ans !

Quoi d'autre ?

Pour les conserver, on peut également immerger dans du vinaigre des cornichons, des oignons, des câpres, du chou-fleur, mais aussi nombre de petits légumes mélangés et macérés afin de réaliser un condiment, comme le veut la tradition anglaise des pickles. Même les œufs durs peuvent y passer ! Pour ce faire, recouvrez vos œufs durs écalés, placés dans un bocal, de vinaigre de cidre ou de vin. Puisez dans ce bocal à mesure de vos besoins. Ces œufs se conservent pendant plusieurs mois à température ambiante. Très forts, ils donnent du peps à une salade d'été !

Les +

Le côté légèrement sucré qui apporte de la rondeur aux assaisonnements et tempère l'acidité.

•

L'action positive du vinaigre de fruits maison sur la digestion.

Cerises à l'eau-de-vie

Fruits très juteux, les cerises sont d'une extrême fragilité. Elles se ramassent, en effet, à maturité et de préférence avec leurs pédoncules, signes de fraîcheur. Elles peuvent ainsi être conservées plusieurs jours à l'air libre, dans une petite passoire laissant passer l'air, si elles sont saines et en bon état. Toutefois, il est préférable de les consommer rapidement sous peine de les voir perdre leurs qualités organoleptiques et nutritionnelles. S'il arrive que, ballonné (d'en avoir trop mangé !) ou héroïque, on résiste à la tentation de toutes les manger, on pourra alors les conserver dans de l'eau-de-vie.

Astuce de conservation

Cueillez ou choisissez 1 kg de cerises avec des queues. Lavez-les à l'eau froide et séchez-les dans un linge propre. Coupez les queues de cerises à environ 2 cm. Rangez ensuite les demoiselles dans des bocaux sans trop les tasser, jusqu'à 1 cm du haut du bocal. Recouvrez les fruits avec 1 L d'eau-de-vie (comptez 1 L d'eau-de-vie par kilo de cerises griottes) avant d'ajouter le sucre (comptez 200 g de sucre par kilo de cerises). Fermez hermétiquement avant d'entreposer vos conserves à l'abri de la lumière, pour six mois. Ouvrez le bocal une fois ce temps passé pour réitérer l'opération. Refaites le niveau d'eau-de-vie si celui-ci a baissé, et ajoutez du sucre, après avoir goûté, si nécessaire. Patientez de nouveau six mois. Les cerises à l'eau-de-vie se conservent ainsi plusieurs années. Enfin, n'oubliez pas d'étiqueter vos réserves.

La petite histoire…

L'alcool utilisé traditionnellement dans les fermes était l'eau-de-vie blanche, titrant 40 à 50°, extraite des produits locaux par des bouilleurs de cru, mise en bouteille sans vieillir ou dans des tonneaux. On peut citer la Normandie et la Bretagne : le calvados, dit calva, fabriqué à partir de cidre ; dans l'Est, l'eau-de-vie de fruits à noyaux (prunes, mirabelles, reines-claudes) ; dans le Nord, l'eau-de-vie de genièvre ; dans d'autres régions, des eaux-de-vie élaborées à partir de petits fruits (mûres, myrtilles, airelles ou d'autres fruits à pépins ou à noyaux : raisins, poires, etc.). Par ailleurs, les paysans qui fabriquaient des alcools vieillis en fûts (armagnac, cognac…) pouvaient également les utiliser pour conserver les fruits.

Et sinon ?

En jus, vinaigre, sirop, confiture, compote et même séchés, il existe mille et une façons de conserver ces délicieux fruits d'été.

Les +

Ce côté madeleine de Proust de la recette.

•

La beauté des bocaux remplis de fruits.

•

La possibilité de consommer des cerises toute l'année, y compris dans de délicieux desserts.

Les –

La patience que nécessite le processus.

pour Fruits
Spiritueux
FAUCONNIER

PORTRAIT

Les confiseries au lait de Radhika

Radhika, doctorante en sciences politiques résidant à Paris, m'a été présentée par Usha, une amie d'origine indienne. Très gourmande, Radhika expérimente sans cesse toutes sortes de recettes inspirées de la cuisine traditionnelle indienne qui a tant marqué son palais, ce qui fait la joie de ses colocataires et, croyez-moi, il y a de quoi !

Radhika, peux-tu nous parler de la recette que tu as choisi de réaliser et qui permet, me semble-t-il, de conserver le lait ?

On l'appelle barfi. *Il s'agit de friandises obtenues à partir de lait concentré auquel on ajoute du sucre et de la cardamome. Les ingrédients sont cuits ensemble jusqu'à ce que le mélange se solidifie.*

La saveur du barfi est souvent enrichie de fruits tels que la mangue, la noix de coco, la figue, ou d'oléagineux, comme les amandes, les cacahuètes, les pistaches... On ajoute aussi des épices comme la cardamome ou le safran. Une fois la bonne texture obtenue, on coupe le barfi en carrés, en losanges ou en ronds afin de le déguster à n'importe quel moment de la journée.

Je suis étonnée d'apprendre que l'on consomme du lait en Inde, vu que dans certaines parties du pays les températures peuvent atteindre les 40 °C...

Le lait occupe une place centrale dans la culture et la nourriture indiennes, puisque la vache est comme une mère qui donne du lait, tellement précieux ; elle est sacrée. Quant aux Indiens végétariens, le lait transformé leur permet de pallier d'éventuelles carences en protéines. C'est pourquoi il s'agit d'un ingrédient de base indispensable.

En Inde, la plupart des gens vivent sans frigo, indigence oblige. Comment, dès lors, parviennent-ils à consommer des produits laitiers ?

On fait toujours bouillir le lait au réveil. On récupère la peau du lait bouilli pour confectionner des yaourts que l'on conserve dans des pots en acier avec couvercles (bien plus efficaces que des pots en verre ou en plastique). Nombre de familles indiennes préparent encore ainsi leurs yaourts pour leur côté pratique et leur saveur très appréciée.

Pour ce qui est des boissons, les Indiens boivent quotidiennement, du thé au lait et aux épices (chai) *ou du café au lait et aux épices. On consomme, par ailleurs, beaucoup de* lassi, *boisson traditionnelle à base de yaourt et de fruits frais, ainsi que du* buttermilk *ou babeurre, liquide issu du barattage. La partie restante, qui n'est autre que le lait caillé dont on a enlevé le beurre, est aussi employée. Chaque chose transformée trouve ainsi son utilité.*

Le ghee est assez méconnu en France, de quoi s'agit-il ?

C'est un ingrédient essentiel de la cuisine indienne. Il s'agit d'un moyen ancestral de conservation du beurre. On fait cuire du beurre longtemps jusqu'à ce que tout le petit-lait soit "grillé", puis on filtre. Ainsi clarifié et débarrassé de ses résidus, il se conserve de longs mois à l'air ambiant et ne brûle pas à la cuisson. En Inde, sur les emballages des produits, on va jusqu'à préciser que ceux-ci ont été cuisinés avec du ghee *et non de l'huile de palme, c'est dire ! Symbole de pureté, le* ghee *est très employé dans les rituels religieux et occupe, de fait, une place privilégiée en Inde. Le beurre clarifié est également très connu en Europe de l'Est, notamment en Russie où on le déguste avec des blinis.*

Quelle différence majeure avec la France ?

Ce qui est frappant en Inde, c'est que l'on adapte son menu à la saison et, a fortiori, à la chaleur. Plus il fait chaud et plus les plats comporteront d'épices (fonction antibactérienne entre autres vertus) et se composeront de fritures "durables", résistantes aux fortes températures. En Inde, la diversité suivant les régions offre un éventail de fabuleuses traditions.

Fermentation

La lactofermentation est un procédé qui permet de conserver les aliments tout en renforçant leur valeur nutritive. Les micro-organismes des aliments, habituellement neutralisés, se multiplient en fermentant en milieu stérile, développant ainsi le fameux acide lactique qui empêche la décomposition de l'aliment, tout en stimulant la production de vitamine C.
Il s'agit là d'un principe ancestral de conservation : bière, pain au levain, choucroute, levure de bière, *kombucha* (fermentation d'un champignon dans du thé), kéfir (boisson issue de la fermentation du lait ou de jus de fruits), *kimchi* (recette de légumes fermentés avec du piment et de la sauce poisson)... Les micro-organismes (ou probiotiques) qui peuplent notre flore intestinale sont, en effet, autant de petits soldats qui protègent notre organisme contre les infections.

Kéfir, boisson vivante

Appelé également "cristal japonais", le kéfir est composé de levures et de bactéries qui forment des grains translucides qui augmentent en taille et en nombre lorsqu'ils sont en contact de l'eau sucrée. Riche en bonnes bactéries (Lactobacillus delbrueckii subsp. bulgaricus, Lactococcus lactis, Saccharomyces cerevisiae...) *et utilisé comme un probiotique, le kéfir nettoie les intestins, favorise le transit intestinal, assainit le système digestif et renforce l'immunité.*

Astuce de conservation

Dans un bocal de 1,5 L en verre stérilisé. Versez environ 70 g de grains de kéfir après les avoir rincés dans une passoire (éviter tout contact des grains avec des ustensiles métalliques). Versez de l'eau de source, non chlorée et exempte de résidus médicamenteux, pour conserver les grains plus longtemps. Ajoutez deux cuillerées à soupe de sucre roux, un demi-citron bien lavé et coupé en quartiers, ainsi que 2 figues sèches (le citron a la capacité de conserver le kéfir et d'abaisser le pH de la préparation, les figues sèches, en plus d'apporter une saveur agréable, sont une source supplémentaire de sucre pour les grains, de vitamines et de minéraux). Fermez le bocal, couvrez d'un linge afin que le kéfir soit à l'abri de la lumière et laissez reposer à température ambiante (18 à 25 °C), entre 24 et 48 heures. Une fois les figues remontées à la surface, filtrez le tout dans la même passoire (exempte de métal) et versez le contenu dans une bouteille hermétiquement fermée. Pressez les quartiers de citron pour ajouter le jus à votre boisson. Votre kéfir de fruits est prêt à être consommé dans la journée. Au-delà, il ne se conserve pas bien. Mettez figues et écorces au compost. Rincez vos grains avant de les mettre en bocal avec deux cuillerées de sucre non raffiné, recouvrez-les enfin d'eau minérale pour les réfrigérer. Si vous ne possédez plus de réfrigérateur, congelez vos grains en petites portions, afin de vous en resservir à mesure de vos besoins (on ne peut congeler les grains qu'une seule fois) ou faites-les sécher (bien étalés sur une assiette placée sur un radiateur). Ceux-ci vont se rétracter, ainsi vous pourrez les stocker dans un récipient hermétique et les conserver environ une année.

La petite histoire...

Les Russes pensent que la consommation régulière de kéfir améliore l'état général de la santé et combat les infections et maladies ; il est d'ailleurs proposé aux patients dans les hôpitaux.

Les +

Une délicieuse eau pétillante, fruitée et légèrement acidulée.

•

Les nombreux bénéfices santé.

Les –

Les grains se confient avec amour de personne à personne, aussi, vous faut-il trouver un donateur avant de vous lancer (des listes sont disponibles sur le Web).

Légumes lactofermentés

Carotte, chou, betterave, navet, radis noir, cornichon : la lactofermentation permet de conserver un cortège de petits légumes, mais ce n'est pas tout, elle chouchoute également notre flore intestinale, qui a besoin de bonnes bactéries, riches en enzymes qui optimisent notre digestion.

Astuce de conservation

Épluchez, taillez et coupez vos petits légumes, ici des carottes, un chou rouge et un chou romanesco. Disposez-les dans des bols distincts afin de les tasser avec la paume de votre main. Ajoutez un peu de gingembre râpé ainsi que quelques herbes et épices de votre choix. Vous pouvez bien évidemment opter pour une formule mixte, c'est-à-dire mélanger deux ou trois légumes. Remplissez quelques petits bocaux préalablement stérilisés. Tassez une nouvelle fois avant d'ajouter de l'eau peu minéralisée (eau de source, ne contenant ni chlore ni résidus médicamenteux) ainsi qu'une demi-cuillerée à café de sel gris (adaptez la quantité en fonction de la taille de vos contenants). Les légumes doivent être impérativement recouverts d'eau. Ajoutez une éventuelle feuille de chou pour bloquer les légumes. Refermez les bocaux de façon hermétique avec des joints neufs, propres et secs. Placez vos bocaux à l'abri de la lumière et à proximité d'une source de chaleur (radiateur, four, etc.). Les deux ou trois premiers jours de la fermentation permettent aux aliments de s'assouplir. S'ensuit la phase la plus active pour les bactéries lactiques qui détruisent les autres micro-organismes et acidifient les denrées. Notez que de l'eau peut s'échapper des contenants à l'heure de la fermentation, aussi, mieux vaut poser vos bocaux sur une assiette le temps de cette étape. Au terme de deux à trois semaines, le développement des mauvaises bactéries a été interrompu et la prolifération des bactéries lactiques ralentit. Vos légumes lactofermentés sont prêts !

La petite histoire...

Sachez que la consommation de légumes lactofermentés est préconisée après une prise d'antibiotiques, afin de reconstituer la flore intestinale. Ni cuits, ni vraiment crus, ce sont des aliments vivants qui permettent, en effet, une meilleure assimilation des nutriments par l'organisme. Les cornichons, autrefois conservés selon la méthode de lactofermentation et plongés aujourd'hui par les industriels dans un simple vinaigre, n'apportent pas les avantages santé de leurs aînés.

Les +

La simplicité de la préparation, qui ne demande, de surcroît aucun équipement particulier.

•

Les propriétés nutritionnelles multipliées grâce à la méthode de conservation dite lactique.

•

La possibilité pour les citadins en mal de temps de préparer des légumes prêts à consommer très à l'avance et en quantité.

Les -

Le goût aigre qui peut surprendre le palais.

Citrons confits

Qu'il s'agisse d'un citron acheté sur le marché ou d'un citron récolté sur votre propre citronnier, il est important de savoir comment le conserver. S'il est laissé à température ambiante, vous pourrez aisément le garder jusqu'à une quinzaine de jours. Sachez néanmoins que confits au sel, les citrons se conservent une quasi-éternité. En effet, derrière le nom trompeur de "citrons confits" se cachent des citrons lactofermentés, fréquemment employés en cuisine méditerranéenne.

Astuce de conservation

Lavez soigneusement 1 kg de citrons (impérativement non traités, conservation des écorces oblige), avant de les essuyer. Fendez chaque fruit en quatre dans la longueur, sans détacher complètement les quartiers. Entrouvrez un citron et versez une cuillerée à café de gros sel en son cœur. Refermez en le pressant fortement. Répéter l'opération pour tous les agrumes (ce qui représente environ 200 g de sel). Déposez-les ensuite dans plusieurs bocaux à conserve préalablement ébouillantés et secs (utilisez des joints neufs soigneusement lavés). Rangez les citrons debout en les serrant bien. Ajoutez le jus d'un citron et 1 à 2 feuilles de laurier préalablement lavées. Couvrez d'eau portée à ébullition et refroidie. Refermez hermétiquement. Assurez-vous que les citrons seront maintenus en permanence dans la saumure. Conservez à l'abri de la lumière. Laissez fermenter pendant au moins trois semaines. Quant au jus, il se transforme à mesure que le temps passe en une gelée parfumée, merveilleuse pour assaisonner les vinaigrettes. Une fois le bocal ouvert, veillez néanmoins à tout utiliser rapidement.

La petite histoire...

Cette méthode traditionnelle de conservation des citrons était partiquée par les marins autrefois. On utilise également très souvent les citrons lactofermentés dans la cuisine moyen-orientale et marocaine, pour parfumer les sauces des plats sucrés salés tels que les tajines, auxquels ils apportent une légère pointe d'acidité.

Quoi d'autre ?

Rien de tel que la saumure pour conserver les olives vertes ou noires fraîchement récoltées. La saumure peut également être une alternative pertinente de conservation de vos légumes racines ; on peut d'ailleurs l'agrémenter de bière. En effet, la saumure à la bière donne une saveur riche et appréciable au parfum terreux, une véritable expérience gustative !

Les +

La légère acidité que les citrons lactofermentés apportent à un plat de poisson.

•

La surprise de découvrir que plus les citrons macèrent, meilleurs ils sont.

Les -

Les citrons confits salent naturellement le plat, aussi mieux vaut éviter de saler de nouveau.

•

Une fine pellicule blanche peut se former à la surface : n'ayez crainte, cela fait partie du processus.

PORTRAIT

Les citrons confits de Pascale

Quand nous nous sommes rencontrées, Pascale, illustratrice et céramiste toulousaine, ne possédait déjà plus de réfrigérateur. Je ne l'ai pas su tout de suite (ce n'est pas vraiment le genre de sujet sur lequel on échange au début d'une relation amicale). J'ai découvert son "art de vivre" un jour qu'elle m'avait invitée à déjeuner. Quelle ne fut pas ma surprise à l'époque !

Des souvenirs de tes vacances, enfant, à la ferme ?

J'ai le souvenir des confitures de cassis de ma grand-mère Raymonde, de l'affinage des fromages de chèvre de ma tante Brigitte, du jambon sec et des saucissons de mon oncle Bernard qui pendaient au-dessus des bocaux de pâté et de rillettes, jouxtant eux-mêmes les bocaux d'asperges, de ratatouille et de haricots verts.

Le déclic qui t'a amenée à te passer de cet élément électroménager ?

Un jour d'hiver avec un bon froid glacial, en ouvrant la fenêtre de la cuisine pour poser sur son rebord une tarte qui sortait du four et la faire refroidir (elle était trop chaude pour que je la fasse refroidir dans le frigo), j'ai réalisé que j'utilisais de l'électricité pour faire chauffer le moteur du réfrigérateur afin que celui-ci refroidisse son contenu !

Une sorte d'ineptie dont je ne m'étais jamais rendu compte jusque-là. J'ai ouvert mon frigo : il était à moitié vide, car je ne mangeais déjà ni viande ni produits laitiers frais. Du coup, je l'ai débranché pour de bon et j'ai utilisé mon rebord de fenêtre durant tout l'hiver pour conserver ma nourriture... C'est encore le cas aujourd'hui, été comme hiver !

Qu'est-ce qui a changé depuis que tu as débranché ton frigo ?

Je fais les courses environ deux fois par semaine et je privilégie donc plus les commerces à proximité de mon domicile.

Évidemment, je ne suis plus tentée d'acheter des plats tout faits qui se conservent au frigo. Par la force des choses, c'est meilleur pour ma santé ! Si j'ai une grosse envie de yaourt ou d'un produit frais (mozzarella), je vais l'acheter juste avant de le manger ou quelques heures avant, et en petite quantité, chez le fromager du coin.

Parlons quantité. As-tu constaté des changements ?

Je ne cuisine dorénavant que la quantité nécessaire pour un repas, sauf si je peux le conserver d'un repas à l'autre (les pâtes, le riz et les légumes cuits au four se conservent facilement de cette façon). Bien sûr, en été, c'est presque impossible de fonctionner comme cela, mais comme c'est aussi un plaisir de cuisiner, un moment particulier dans la journée, ce n'est pas très grave si je ne peux pas conserver la nourriture jusqu'au lendemain. Je prépare des petites portions : j'ai affûté mon œil et je sais exactement dans quelles proportions cuisiner pour ne rien gaspiller !

J'aimerais aborder avec toi la question des matériaux... En quoi leur choix est-il essentiel ?

Comme la nourriture n'est plus cachée dans le frigo, les récipients dans lesquels je mets mes ingrédients de base doivent avoir des propriétés adaptées et, surtout, être agréables à regarder. Par exemple, je préfère stocker mon riz dans un grand pot en terre plutôt que dans un pot en plastique ou en verre, car je sais que la terre absorbe l'humidité ; c'est une méthode ancestrale de conservation du riz. Celui-ci peut se bonifier dans le temps tranquillement, comme les bons vins qui sont stockés dans de bons fûts !

Ton rapport à la cuisine a-t-il changé ?

Le fait de tout avoir sous les yeux me permet d'imaginer des combinaisons avec des ordres de priorité en fonction des aliments. Par exemple, si j'achète une belle laitue sur le marché, je sais que c'est elle que je vais manger la première pour ne pas lui laisser le temps de se faner, idem pour les fanes de radis !

Parle-nous un peu de tes citrons...

Merveilleux condiments pour parfumer les tajines, les vinaigrettes... les citrons lacto-fermentés sont extrêmement simples à préparer. C'est une petite madeleine de Proust, évocatrice de voyages et de délicieux plats mijotés maison.

Choux, kimchi comme ça

Le chou ne se targue jamais de compter parmi la fine fleur des légumes, pourtant ses vertus sont nombreuses et c'est encore plus vrai quand on le fait fermenter. Alors, bien sûr, on peut se lancer dans l'élaboration d'une bonne choucroute maison, Il en va de même pour le plus dépaysant kimchi coréen. Bête comme chou à réaliser, celui-ci augmente considérablement les valeurs nutritives du crucifère. Plus de vitamine C, plus d'enzymes, plus de vitamines du groupe B, de la vitamine K. Il n'y a plus qu'à !

Astuce de conservation

Coupez un chou chinois lavé en lanières. Disposez ces dernières dans un grand saladier. Saupoudrez de gros sel (100 g). Mélangez. Fermez le récipient hermétiquement afin de laisser le chou dégorger pendant six heures. Rincez à l'eau froide et égouttez dans une passoire. Épluchez et hachez de l'ail (6 gousses), du gingembre frais (10 g), du sucre (1 cuillerée à soupe), de la poudre de piment rouge (1 cuillerée à soupe) ou 3 poivrons rouges (réduits en purée), ainsi qu'un radis noir (250 g) et des oignons nouveaux (3 pièces). Mélangez le tout au chou égoutté et assaisonnez de sauce poisson ou, à défaut, de nuoc-mâm (2 cuillerées à café). Placez dans des bocaux hermétiques. Étant donné qu'un pot entamé doit être consommé dans les jours qui suivent son ouverture, mieux vaut opter pour des bocaux de petit gabarit, en tassant bien. Laissez fermenter à température ambiante pendant 2 jours, puis placez dans l'endroit le plus frais de votre appartement ou de votre maison. Si le *kimchi* est censé être déjà savoureux au bout de 24 heures, sachez qu'il sera encore meilleur au bout d'une semaine et encore bon deux semaines plus tard. Au-delà, son goût sera plus prononcé.

La petite histoire…

Il existe en Corée pas moins d'une centaine de kimchi, selon les légumes employés. Autant dire que le kimchi est aux Coréens ce que le fromage est aux Français ! Et pour cause, il a longtemps été le seul apport de vitamines de ce peuple, en hiver. On le disposait dans des jarres en terre cuite, couvertes de nattes de paille ou enterrées afin d'éviter qu'il ne gèle. Si cette méthode de fermentation peut paraître étrange à nos esprits modernes, rappelons qu'elle était déjà employée à l'époque viking et que l'on en trouve encore aujourd'hui des traces dans le Nord de l'Europe, avec certaines nourritures comme le *hákarl* (requin fermenté) en Islande, ou le *surströmming* (hareng saur) dans le Nord de la Suède.

Les +

La démultiplication des vitamines de ce légume déjà gorgé de minéraux et d'oligoéléments.

•

Le parfum et la saveur légèrement aigre de ce condiment qui accompagne à merveille riz, viande, salades…

•

Les bienfaits du kimchi sur les intestins et sa richesse en vitamines A, B et C ainsi qu'en acides aminés.

PORTRAIT

Le Kimchi de Marie-Lee

Coréenne adoptée à l'âge de 5 ans, créatrice textile installée près d'Amiens, Marie-Lee compte parmi mes dernières merveilleuses rencontres. Aussi, lorsqu'il s'est agi de réaliser mon tout premier kimchi, *me suis-je empressée de lui demander de m'initier à cette technique dans les règles de l'art.*

Quand tu penses au pays qui t'a vu naître, quels souvenirs te reviennent en mémoire ?

Je me rappelle des paysages somptueux, entre mer et montagne, de la saveur des gâteaux de riz tteok *et du parfum du* kimchi.

La cuisine, c'est de famille ?

Oui. En Corée, le kimchi *se prépare en famille ou avec des amis. Un festival ainsi qu'un musée célèbrent, par ailleurs, la fabuleuse préparation culinaire !*

En quoi la cuisine coréenne est-elle si fascinante ?

C'est une cuisine savoureuse, riche en couleurs et en saveurs, qui se compose d'une pléiade de petits plats, banchans, *et qui se veut également très saine.*
En effet, les Coréens considèrent la cuisine comme leur première médecine, c'est pourquoi ils cuisinent beaucoup d'herbes et prennent le temps de réaliser des plats longs à préparer et qui demandent parfois encore du temps avant de les déguster, comme le kimchi.

En Corée, comment conservait-on les plats traditionnels avant l'arrivée du réfrigérateur ?

Les fruits, les légumes et les produits de la mer étaient conservés par méthode de séchage (patates douces, kakis, calamars, anchois, algues...) ou par fermentation (la sauce soja, les infusions de prune, de gingembre ou d'aloe vera, le fameux kimchi*...). Dans ce cas, ils étaient ensuite enterrés dans des jarres en terre cuite dans les jardins.*

Qu'est-ce que ces méthodes conféraient aux fruits et aux légumes ? Et comment expliquer qu'on les emploie encore aujourd'hui ?

Elles permettaient avant tout aux familles de consommer des légumes et des fruits pendant la saison hivernale. Et puis ces méthodes traditionnelles conservent voire multiplient la teneur en vitamines des aliments, ce qui explique leur succès.

Penses-tu qu'il faille redonner une certaine préciosité aux aliments ? Cela fait-il écho à ce que tu as vécu ?

Je pense qu'il faut effectivement (re)considérer ce que Dame Nature nous offre. Petite, j'ai connu la faim, comme nombre de Coréens, voilà pourquoi je m'applique aujourd'hui à respecter chaque légume qui a poussé, chaque épice qui assaisonne...
Malheureusement, en Corée, comme dans la majorité des pays dits développés, l'abondance pousse aujourd'hui au gaspillage.

Quelles ont été tes plus belles découvertes ?

Sans hésitation aucune je répondrai le kimchi, *pour sa richesse en probiotiques, vitamines et fibres, et parce que l'on peut décliner la recette de base à l'infini (patate douce, butternut, poire...), tout comme le tofu ! Et puis, toujours pour leurs vertus incroyables, je citerai les feuilles de sésame (antihistaminiques), le vinaigre de grenade ou encore celui de kaki (détoxifiant).*

Appertisation (stérilisation)

Les conserves sont des aliments placés dans des bocaux hermétiques en verre stérilisés. L'opération demande de respecter nombre de règles d'hygiène, afin d'éviter tout développement de bactéries pathogènes telles que la toxine responsable du botulisme*.
La préparation des conserves maison se décompose en deux étapes : le temps de cuisson des aliments et leur traitement thermique (stérilisation), étape durant laquelle la température doit atteindre au moins 100 °C, afin d'éliminer toute présence bactérienne. Pour cela, on utilise des ustensiles sous pression : stérilisateur, autocuiseur...

* Toxine mortelle produite par un bacille présent dans des conserves mal chauffées ou mal scellées.

Haricots chauds bouillants

Petites merveilles du jardin ou du marché, les haricots verts ne demandent qu'à être croqués sitôt cueillis. Cela étant, le surplus de récolte est fréquent et la volonté de profiter de l'abondance des fruits et légumes pendant l'hiver également.

Astuce de conservation

Pour des conserves de haricots verts fins parfaites, choisissez 1 kg de légumes frais et tendres. Éffilez (enlevez les deux extrémités de la gousse et les fils) vos haricots verts et lavez-les. Faites ensuite blanchir vos légumes pendant 5 minutes dans une grande cocotte d'eau bouillante (ou à la vapeur) avant de les rafraîchir dans une cuvette d'eau froide. Effectuez ces opérations rapidement afin d'éviter que vos haricots verts ne deviennent aigres au sortir de leur conservation en bocal. Égouttez-les et rangez-les, bien tassés à la verticale, dans des bocaux lavés et stérilisés (d'une contenance de 1 litre chacun). Couvrez jusqu'à 2 cm du rebord avec de l'eau bouillante salée à environ 20 g par litre (les haricots doivent impérativement être immergés). Fermez après avoir soigneusement disposé le joint (neuf) ébouillanté et procédez immédiatement à la stérilisation pendant 1 h 30 à 100 °C. Rincez soigneusement vos haricots ainsi conservés avant de les consommer afin d'ôter l'amertume causée par la saumure.

Et sinon ?

Vous pouvez également stériliser vos haricots sous forme de velouté, en y ajoutant courgettes, poireaux, oignons et fromage frais, le tout mixé.

Quoi d'autre ?

Les petits pois, les choux de Bruxelles, les brocolis, les cèpes, les carottes, les pommes de terre grenaille, les haricots rouges, les tomates entières, les blettes, le céleri, les endives entières, le chou-fleur, les épinards en branches, les haricots blancs, les poireaux, les fonds d'artichauts, les marrons...

Les +

La possibilité de consommer des légumes d'été verts toute l'année.

•

La fierté de se réapproprier un geste oublié.

•

Le moment de complicité en famille qu'offre l'activité "éffilage".

Les –

L'obligation d'opérer rapidement pour éviter toute amertume.

•

La texture moins croquante des légumes stérilisés.

Kiwis jolis, jolis, jolis

Le kiwi, ce fruit duveteux et dodu à la pulpe sucrée et acidulée, se conserve bien et très longtemps dans des conditions optimales de trois à cinq mois. De quoi s'octroyer une bonne cure de vitamine C ! Autrefois appelés "groseilles de Chine", les kiwis, dont on a fait sécher la cicatrice du pédoncule tout juste coupé, se prêtent entre autres à la confection de gelées et de confitures maison qui, en plus d'être délicieuses, ont l'avantage de se conserver longtemps.

Astuce de conservation

Si vous prévoyez de "confiturer" vos kiwis, optez pour des fruits arrivés à maturité, en les associant, par exemple, à un autre fruit, tel que la pomme, la banane, le citron, ou au gingembre. Prenez, par exemple, 1 kg de kiwis, 3 pommes, 700 g de sucre, de la pectine (issue de pépins et de trognons de pommes) ou 2 cuillerées à café d'agar-agar (si vous utilisez de l'agar-agar, réduisez la quantité de sucre de moitié, soit 350 g) et le jus d'un citron. Mixez grossièrement les pommes et les kiwis, préalablement épluchés et coupés. Mettez cette purée à cuire. Ajoutez le sucre. Portez à ébullition pendant 10 minutes. Baissez le feu et continuez à faire mijoter pendant un quart d'heure, ajoutez la pectine ou l'agar-agar et laissez cuire pendant 3 minutes environ afin de faire prendre votre confiture. Mettez celle-ci, encore bouillante, en pots et fermez immédiatement les couvercles afin de les sceller. La confiture est prête à napper votre tranche de brioche. N'oubliez pas d'étiqueter vos pots à confiture à mesure que vous les confectionnez.*

Et sinon ?

Toutes les folies sont ici permises : confiture de poires au piment, confiture de mirabelles et vinaigre balsamique, confiture de melons et miel, confiture de citrons verts et menthe, confiture de framboises et poivrons à la vanille, confiture de tomates et fraises... Peut-être aurez-vous par ailleurs entendu parler des confitures solaires qui consistent à faire cuire les fruits dans un four solaire ? Le sucre rejeté par ceux-ci suffit à leur conservation.

Les +

La saveur de cette confiture délicieusement acidulée.

•

L'idée cadeau maison facile à réaliser.

•

La beauté des pots qui s'amoncellent sur les étagères.

Les -

Le courage de se lancer.

•

L'investissement dans quelques pots neufs ou d'occasion.

** Il existe aussi des recettes de confitures fraîches, comme celles concoctées par Lina (voir page suivante). Celles-ci se conservent au maximum une semaine. Il suffit de faire bouillir vos fruits à petits bouillons pendant 15 minutes, en réduisant la quantité de sucre par rapport à une recette classique. Versez dans les pots juste après avoir coupé le feu. La chaleur rend les pots hermétiques. On obtient ainsi des confitures plus riches en vitamines et aux couleurs plus vives. C'est une solution plus facile pour ceux qui souhaitent conserver des fruits sans se lancer dans le procédé plus long de la réalisation des confitures classiques.*

PORTRAIT

Les confitures de Lina

D'origine hispano-suédoise, Lina, qui a quitté la Suède pour la France, a récemment choisi de changer de mode de vie et d'activité professionnelle afin que celle-ci soit en accord avec ses aspirations et conjugue toutes ses passions : la cuisine, l'art, la naturopathie, l'ethno-botanique... Rencontre avec une femme qui a le goût des choses simples.

Lina, tu as opté depuis quelques mois pour un mode de vie nomade. Peux-tu nous en dire plus ?

J'ai grandi dans la nature, en Suède. Si je ferme les yeux, je revois la forêt, les lacs et me souviens de l'air très pur. J'ai quitté la Suède pour m'installer à Paris en 2012. J'ai adoré vivre dans cette ville romantique, seulement, après quatre années, j'ai commencé à ressentir un vrai manque de nature.

Au même moment, j'ai rencontré celui qui est devenu mon compagnon. Il avait le projet de vivre dans son camion. Moi qui rêvais de nature, de simplicité et de liberté, il n'en fallait pas plus pour me décider à le suivre. La nature est désormais notre maison.

Qu'est-ce que ce mode de vie a changé dans ton quotidien ?

J'ai pris conscience que les ustensiles design, les cuisines équipées n'ont pas grand-chose à voir avec la santé. Seule une alimentation saine, énergisante et variée peut l'optimiser.

Et puis la vie en camion invite aux rencontres et aux échanges avec les petits producteurs. On se régale ainsi du miel de l'apiculteur qui nous a présenté ses abeilles, du fromage de chèvre frais du fermier d'à côté, des paillettes de spiruline d'un producteur installé dans les alpages.. On achète nos aliments quasiment au jour le jour sur les marchés, on cueille des herbes reconnues pour leurs vertus à l'occasion de balades. On achète évidemment moins, par manque de place, et on réalise qu'il n'est pas nécessaire d'acheter dix légumes différents pour réaliser un plat, d'autant que l'organisme éprouve plus de difficultés à digérer les aliments et à profiter de leurs nutriments si ceux-ci sont nombreux ! En France, on a tout ce qu'il faut sous la main, c'est une grande chance. Pour moi qui ai grandi en Suède, ce climat tempéré est un vrai miracle. En Suède, nous n'avons pas la possibilité de consommer des légumes frais et locaux tout au long de l'année !

Tes origines suédoises et espagnoles ont-elles eu une influence sur ta façon de cuisiner ?

À la maison, on mangeait aussi bien des boulettes de viande, du saumon gravlax qu'une tortilla ou du pan con tomate. Je pense que ce mélange de cultures m'a offert une ouverture d'esprit et une curiosité infinies.

La Suède a derrière elle une longue tradition de conservation, hivers longs et rudes obligent...

J'ai en effet connu les caves où l'on conservait les pommes de terre et les pommes. Et puis ma grand-mère faisait chaque année de délicieuses confitures d'airelles ou de rhubarbe que nous savourions sur des pancakes. J'ai également le souvenir de mon père rentrant d'Espagne avec des fuet (saucissons traditionnels) qu'il suspendait dans notre garde-manger.

Tu perpétues la tradition avec quelques recettes dans ton camion ?

Bien sûr ! Je fais, par exemple, sécher au soleil des plantes pour nos tisanes et puis, je réalise des confitures fraîches que je fais au fur et à mesure de nos envies et que nous dégustons dans la semaine, manque d'espace oblige. Toutes les folies sont permises !

*“Pensez à tout ce temps,
cette méditation, ce respect
et tout l'amour que vous
mettez dans vos bocaux...
Il vous sera alors bien difficile
d'opter pour l'anonymat
d'une boîte de supermarché.”*

Conclusion

De retour de ce grand voyage au pays des conservations naturelles, j'imagine que vous vous demandez où en est notre famille ô combien téméraire et que vous brûlez de savoir si l'homme de la maisonnée, celui-là même qui craignait d'avoir les vivres coupés une fois le frigo débranché, a survécu à une telle performance !

Eh bien vous aurez peut-être de la peine à le croire, mais cet homme-là, qui a accepté une fois de plus de me suivre dans mes péripéties, s'il ne pensait pas en ressortir indemne (rires), était loin de penser que l'expérience s'avérerait si concluante et si convaincante. De son propre aveu, une fois le frigo débranché, " tout n'est que joie ! ".

***Je m'explique :** le fait d'avoir visiblement réduit notre consommation de viande nous permet de nous faire de temps à autre plaisir en nous rendant chez un boucher engagé. Je peux vous dire que, dans ce cas, monsieur ne se fait pas prier pour enfourcher son vélo, tailler une bavette avec le fameux professionnel de la viande certifiée bio, et choisir le morceau qui sera préparé et dégusté dans la foulée.*

Le reste du temps, pour ses petites fringales carnées, mon cher et tendre a également trouvé la parade avec un bon saucisson, du chorizo ou quelques tranches de jambon basque (qui se conserve une semaine à température ambiante dans son emballage ciré). Voyez combien, môssieur est malheureux !

Et les bières fraîches, me demanderez-vous ? Le vin blanc ou le rosé pour les invités ?

***Jouons cartes sur table :** notre ancien réfrigérateur combiné qui a sagement patienté le temps de l'expérimentation a, in fine, été vendu via Le bon coin. Nous avons cependant investi dans un mini-congélateur classé A++ qui nous permet de stocker nos surplus de légumes et de fruits, mais aussi de congeler un peu de viande ou de poisson, bien que nous préférions les cuisiner directement après l'achat.*

Mais revenons à nos boissons fraîches... Il nous suffit désormais d'immerger lesdites bouteilles dans un seau à glace pour nous en délecter au cœur de l'été. Ce que mon grand amateur de petite mousse a par ailleurs découvert (quand je vous disais que l'absence de frigo poussait à la curiosité !), c'est que, généreusement saupoudrés de sel, les glaçons entraînent une réaction physique qui accélère le refroidissement de leur contenu !

Inutile de vous préciser que celui qui joue désormais les Mac Lesggy (E = M6) n'est pas peu fier de réaliser cette démonstration devant ses amies et amis à l'heure de l'apéritif !

Quant aux enfants, ils se targuent désormais d'être des " superhéros capables de vivre sans frigo ", tant qu'il y a des glaces !

Et puis par moments, il faut bien l'avouer, nous choisissons délibérément de nous passer de quelques denrées périssables. C'est le cas notamment du beurre, devenu mets d'hiver.

Nous lui préférons désormais l'huile d'olive pendant la saison estivale. Idem pour les fromages à pâte molle dont nous nous régalons sitôt que les températures se rafraîchissent.

Si notre vie quotidienne ne s'en trouve pas améliorée (il ne faut tout de même pas exagérer), on ne peut pas dire non plus qu'il s'agisse de grands sacrifices. N'allez pas vous imaginer, par ailleurs, que nous faisons des produits lactofermentés et autres conserves à longueur de journée, il s'agit là de petits plaisirs exceptionnels, nos repas se composant simplement de produits " frais " (comprendre " fraîchement achetés ") et simples à préparer.

Notre but premier, en débranchant notre frigo, était tout simplement d'éviter tout gaspillage. En effet, on tient pour acquis que tout ce qui se mange est riche en nutriments, que l'on doit avoir un accès illimité à tout (qu'importe la saison) et que de toutes les façons on manque de temps. Pis encore, qu'on gagne en " faisant le plein " de produits transformés à la durée de vie limitée, que l'on finit par jeter en partie.

Quant à notre consommation énergétique et à son coût, la disparition du réfrigérateur combiné au profit d'un mini-congélateur les a réduits de moitié (de 247 kW à 138 kW par an).

Vous l'aurez compris, il s'agit évidemment d'une expérience très personnelle. Notre famille y est allée pas à pas, en faisant parfois un pas en avant et deux en arrière !

Frigo ou pas frigo ? Je vous laisse le choix d'en juger. Libre à chacun de picorer ce que bon lui semble et puis, comme le dirait si justement ma maman : "Les conseils sont faits pour être donnés mais pas écoutés..."

On vous donne des nouvelles l'année prochaine ?

Conservation des petits restes

Avocat

Placez votre moitié d'avocat restante avec un oignon afin qu'elle ne s'oxyde pas. Autre astuce plus connue : arrosez-la d'un filet de jus de citron.

Artichaut

Attention aux artichauts cuits qui ne doivent pas être conservés, car ils peuvent être toxiques !

Carotte / céleri / poivron...

Vos légumes commencent à ramollir ? Coupez-les, lavez-les et laissez-les tremper une nuit entière dans de l'eau, placés dans un coin frais. Le lendemain, ils auront retrouvé leur croquant.

Champignon

Pour éviter que les champignons ne s'oxydent et ne noircissent une fois coupés, arrosez-les d'un trait de citron.

Chou

Votre chou vert, rouge ou chinois est coupé par la moitié ? Prolongez sa durée de vie en passant du vinaigre sur sa coupe.

Citron

Un citron peut se conserver jusqu'à trois semaines s'il demeure dans un endroit frais. Pour le conserver plus de trois mois sans qu'il ne se dessèche, placez-le dans un bocal rempli de sel (gros ou fin) ou d'eau du robinet. S'il ne vous reste qu'un morceau de citron, pensez à recouvrir la partie à l'air libre de sel fin ou de vinaigre. Ainsi, il ne perdra ni sa couleur, ni ses principes actifs. Si vous ne désirez que quelques gouttes de son jus, économisez votre fruit en ne perçant qu'un petit trou dans son écorce avant de reboucher l'orifice avec un cure-dent. Si vous avez zesté l'écorce, vous conserverez le citron en l'enfonçant également dans un bocal de sel fin.

Concombre

Vous n'avez utilisé qu'une partie de concombre ? Frottez l'entame avec un peu de sel afin qu'il ne flétrisse pas.

Fruits

Vous n'avez consommé que la moitié d'une poire ou d'une orange ? Arrosez l'entame de jus de citron afin qu'elle ne s'oxyde pas au contact de l'air. Pour redonner un coup de jeune à des pommes flétries, arrosez-les quelques secondes d'un peu d'eau bouillante. Vous pouvez également placer quelques bouchons de liège coupés en deux avec vos fruits. Le liège absorbera l'humidité, protégeant les fruits du vieillissement. Quant à son odeur, elle éloignera mouches et moucherons.

Légumes ramollis (carottes, panais, etc.)

Lavez-les, coupez-les en morceaux et faites-les tremper une nuit dans l'eau.

Pain

Pour conserver un pain moelleux et freiner son durcissement, conservez-le dans une boîte avec une moitié de pomme (l'astuce fonctionne également avec les biscuits salés ou sucrés). Pour ramollir du pain dur, humidifiez-le légèrement puis placez-le au four afin qu'il croustille de nouveau.

Pomme de terre

Ne disposez jamais oignons et pommes de terre à proximité, sous peine de voir ces dernières pourrir. Par contre, pour éviter qu'elles ne germent, entreposez vos pommes de terre dans un endroit sombre avec deux pommes. La pomme de terre peut ainsi se conserver jusqu'à trois ou quatre mois. Quant à l'oignon, isolé il peut se conserver près de deux mois.

Potiron

Les cucurbitacées se conservent plusieurs mois. Si vous les coupez en tranche à mesure de vos besoins, saupoudrez la coupe de poivre, leur vie en sera prolongée.

Salade

Si vous ne consommez pas votre salade entièrement, pliez les feuilles restantes dans un linge humide (à humidifier régulièrement) afin de les consommer encore croquantes dans les jours qui suivent. Idem pour les feuilles de blettes, d'épinards, de cresson, de mâche...
Ravivez votre laitue, scarole, mâche flétrie dans un grand volume d'eau tiède avec un morceau de sucre pendant une heure.

Conservation des produits de base

Le lait

Le lait longue conservation UHT se conserve facilement six mois si l'emballage n'a pas été ouvert. Si vous n'avez pas l'intention d'utiliser le litre en une fois, reste l'option du lait en poudre (4 cuillerées bombées sont nécessaires pour obtenir 25 cl de liquide). Lorsque vous y recourez pour élaborer une sauce ou un gâteau, mélangez la poudre et la farine avant d'ajouter de l'eau. Vous pourrez le conserver pendant quatre semaines après l'ouverture de la boîte dans un endroit sec et frais. Mieux encore, choisissez des boissons végétales – riz, amande, soja, avoine, châtaigne, noisette, épeautre – improprement appelées " laits ", que vous pouvez réaliser vous-même et qui se conservent bien plus longtemps que les laits issus de la traite d'animaux.

Vous pouvez pousser le vice en confectionnant votre lait végétal maison ! Pour ce faire, prenez le riz que vous aimez (ou des noisettes, des amandes, etc.), et faites-le cuire dans 1 L d'eau. Mixez dans l'eau. Filtrez avec un linge propre ou, mieux, une étamine. Versez dans une bouteille en verre hermétique préalablement ébouillantée et égouttée sur un linge propre. Ajoutez (selon votre goût) une cuillerée de sirop d'érable ou de sucre non raffiné, ainsi qu'une pincée de sel. Secouez toujours avant de servir afin de mélanger les légers dépôts éventuels. Si vous optez pour une version à base de céréales ou d'oléagineux, commencez par rincer et faire tremper ceux-ci la veille au soir dans 1 L d'eau. Notez que ces laits faits maison, sans conservateur, doivent être rangés dans un endroit frais et être consommés rapidement (ils ne se gardent que quelques jours seulement).

Les yaourts peuvent, quant à eux, se conserver quelques jours dans un coin frais si toutefois ils n'ont pas été ouverts et s'ils ne sont pas allégés (car il faut de vrais ferments vivants). La flore lactique, dominante, ne laisse en effet aucune autre flore s'installer. Et puis le pH est bien trop acide pour que s'installent des bactéries. La texture et le goût (un peu plus acide et crémeux, qui rappelle celui d'un fromage) se trouvent légèrement modifiés hors du frigo, mais on n'encourt pas de risque sanitaire à consommer un yaourt conservé à température ambiante quelques jours après son achat ; il en va évidemment de même pour les yaourts à base de soja, de riz, etc.

La crème fraîche

On trouve désormais de la crème fraîche stérilisée qui se conserve plusieurs mois. Si vous avez banni les produits laitiers de votre alimentation, la question ne se pose pas. Si c'est le cas, vous pouvez alors opter pour quelques briques de crème de soja, de riz ou encore d'avoine qui se conservent jusqu'à un an, à température ambiante *(si et seulement si elles n'ont pas été ouvertes)*. Reste à utiliser le contenu en une seule fois.

Le miel

Un miel arrivé à maturité ne s'altère pas, car il renferme plus de sucre que d'eau, ainsi que des substances qui freinent le développement des bactéries et des moisissures. Ses propriétés antibactériennes sont, par ailleurs, depuis longtemps utilisées en médecine. Le miel étant une denrée imputrescible grâce à ses composants et son pH, votre vie entière ne suffira pas pour le voir pourrir : des pots de miel intact ont, soit dit en passant, été retrouvés dans les pyramides égyptiennes ! À l'inverse, entreposé au réfrigérateur, le miel aura tendance à cristalliser et à perdre nombre de ses vertus.

Le sucre

Pour éviter que de petits blocs de sucre ne se forment dans votre bocal ou votre boîte à sucre, glissez-y quelques grains de riz dans un minuscule sachet, afin que ceux-ci ne se mélangent pas au sucre. Quant à sa limite de consommation, n'ayez crainte, le sucre se conserve environ quarante ans !

Le chocolat

Le goût du cacao placé au réfrigérateur, loin de se bonifier, se modifie. Une couche blanche se forme alors à sa surface, sans doute avez-vous pu le constater sur certaines tablettes ou barres chocolatées emballées. Mieux vaut donc le conserver à la température de la pièce, loin de toute source de lumière et, bien entendu, de chaleur !

Le café

Conserver le café au réfrigérateur est une erreur souvent commise. En effet, non content de perdre en arômes, en véritable éponge il attire l'humidité et absorbe les odeurs des autres aliments ! D'aucuns ont également expérimenté la conservation du café au congélateur, or s'il est une chose que le café ne supporte pas, ce sont les changements brusques de température. Vous l'aurez compris, mieux vaut opter pour un contenant opaque et hermétique pour conserver son café à température ambiante.

Noix, noisettes et autres oléagineux, céréales, pâtes et légumineuses

Ce type d'aliments secs se conserve à température ambiante. Dans le cas contraire, ils perdent vitamines, propriétés, saveur et texture. L'idéal est de les conserver dans des bocaux en verre et hermétiques, afin de limiter tout gaspillage alimentaire et l'apparition d'indésirables (mites alimentaires, rongeurs...). Notez que vous pouvez les conserver ainsi pendant environ trois ans.

Incroyable mais vrai : enfermer les pâtes, les légumineuses et même le riz avec une gousse d'ail épluchée ou des feuilles de laurier permet de mieux les conserver et d'éloigner les fameuses mites !

Les farines

Contrairement à ce que l'on pourrait croire, la farine craint les températures trop élevées et l'humidité. S'il se forme des petites boules, il se peut qu'elle ait motté du fait d'un taux d'humidité trop élevé Dans ce cas, tamisez-la avant de l'utiliser, sous peine de voir des grumeaux se former lors de vos préparations. Sachez qu'un paquet, même ouvert et épinglé, se conserve jusqu'à environ six mois. L'idéal : transvaser les farines dans des bocaux en verre hermétiques.

L'huile d'olive

L'huile d'olive se durcit si, par malheur, on la place au réfrigérateur. Elle prend alors la forme du beurre et perd toute sa saveur. L'idéal est d'entreposer la ou les bouteilles dans un endroit sombre et frais. Elle compte donc parmi les huiles qui se conservent à température ambiante, ce qui n'est pas le cas des huiles riches en oméga 3 comme les huiles de colza, de chanvre, de cameline ou de noix, qui se conservent à l'abri de la chaleur et de l'oxygène.

Les herbes aromatiques

Ne réfrigérez pas vos herbes aromatiques, car les basses températures les font faner et accentuent leur processus de décomposition. De plus, certains aromates ont tendance à assimiler l'odeur d'autres aliments présents dans le réfrigérateur. Mieux vaut placer vos bouquets dans des verres d'eau, à l'air libre, pour une meilleure conservation. Mieux encore, coupez-les à mesure que vous cuisinez afin de bénéficier pleinement de leurs bienfaits ! Les aromates séchés peuvent être conservés entre six mois et un an.

Épices

La durée de conservation des épices est très variable. Sachez toutefois qu'il est préférable d'utiliser des épices vendues en vrac et issues de l'agriculture biologique. S'il existe en France des DLUO (dates limites d'utilisation optimale), elles n'ont aucun sens en ce qui concerne les épices. Tout dépend en réalité de la manière dont vous les conservez. Vous pouvez ainsi, en les disposant dans des contenants hermétiques, au sec et à l'abri de la lumière, les garder des dizaines d'années. Une histoire fascinante illustre ce propos : l'histoire de l'embaumement des momies. Il se trouve que les Égyptiens, entre autres, utilisaient des épices telles que le cumin et le girofle pour embaumer leurs morts. Lorsqu'on a découvert les tombeaux des pyramides des millénaires après leur fermeture, le parfum des épices s'en échappait encore ! Éloignez vos épices de toute source de chaleur et de toute vapeur, et placez-les à l'abri de la lumière, elles ne s'en conserveront que mieux.

Les jambons spéciaux

Il existe différentes variétés de jambon. Si, comme moi, vous avez fait le choix de ne plus vous rendre dans les rayons des supermarchés, et si vous craquez ponctuellement sur une ou deux pièces de charcuterie artisanale (jambon de Bayonne, par exemple), conservez vos tranches de jambon dans le papier d'emballage ciré du boucher ou un torchon, dans un endroit sec à l'abri de la lumière, afin que celles-ci conservent le caractère qui fait leur typicité (elles se conservent ainsi près d'une semaine). Idem pour le saucisson, il se conservera deux à trois mois de plus s'il est emballé dans un sachet en tissu et suspendu. On peut également l'enfouir dans de la cendre à condition toutefois de posséder un poêle ou une cheminée !

Les cornichons

Le vinaigre dans lequel ils sont plongés suffit à bien les conserver. Vous pouvez donc les disposer sans risque aucun en dehors du réfrigérateur.

Frigos alternatifs

On remarque l'émergence récente d'un certain nombre de projets émanant de jeunes designers des quatre coins du globe, qui s'inspirent des techniques traditionnelles de conservation (glacières, garde-manger, celliers...) pour créer des réfrigérateurs alternatifs.

Floris Schoonderbeek, designer belge, partant du constant que nombre de maisons ne possédaient pas de cave, a imaginé "The groundfridge", ou garde-manger enterré. Étanche et disposant d'un escalier avec une rampe, le dispositif, prêt à l'installation, s'adapte à une butte créée dans le jardin.

Le frigo de Mansukh Prajapati, en Inde, fonctionne sur le principe de l'évaporation et reprend le principe du Zeer Pot. *L'objet s'appelle un "Mitticool" et est confectionné dans de l'argile. Il permet aux plus démunis de conserver leurs aliments plus longtemps.*

"L'îlot 2.0" (présenté au VIA 2016) est dû à Audrey Bigot. Son objectif : conserver les légumes et protéger les fruits fragiles dans des conditions mieux adaptées que le réfrigérateur. Conçu comme une desserte, l'îlot permet en plus de les conserver, de les laver et de les préparer.

Coréenne, Jihyun Ryou réinterprète les savoirs traditionnels de conservation des aliments à travers divers éléments de mobilier design – l'un contenant de l'eau, l'autre du sable –, avec son garde-manger mural.

"La Denise", un fruitier contemporain composé de modules (une zone sableuse, une zone humide, une zone sombre) pour conserver ses aliments, a été imaginée par un duo de designers canadiennes : Gabrielle Falardeau et Élyse Leclerc. L'invention se réapproprie, elle aussi, les techniques ancestrales de conservation des aliments, sans technologie ni électricité.

"L'Imbreco Fridge" est aussi une ingénieuse alternative au frigo, imaginée par Betty Lujan, alors étudiante à l'Ensaama. Il comprend un système de récupération de la chaleur du moteur de la partie froide.

Quatre jeunes Belges se sont également penchés sur la question de la conservation : Charles Patrick, Graceven Law, Sabrina Weymiens et Aled Walker. Ils ont ainsi conçu un sac de conservation fonctionnant à l'énergie solaire, dénommé "Wakati". Créé pour venir en aide aux pays en voie de développement, il a été conçu pour réduire le gâchis.

Emily Cummins, une étudiante britannique, a de son côté conçu un réfrigérateur portable fonctionnant à l'énergie solaire. L'objet se compose de deux cylindres encastrables (l'un métallique, l'autre en bois, plastique ou métal) munis d'ouvertures. L'espace entre les deux cylindres (tout comme le Zeer Pot*) accueille du sable ou de la laine humidifiés, tandis que la partie externe du cylindre est chauffée, provoquant ainsi l'évaporation et, de ce fait, le refroidissement.*

Les Verts Moutons proposent également désormais des perles de céramiques 100 % naturelles, capables de prolonger la conservation des fruits et des légumes en plus d'assainir l'eau du robinet. Il suffit de les plonger dans la corbeille à fruits ou dans la carafe... simple comme bonjour !
www.lesvertsmoutons.com

Index

Remerciements

Olivier, mon cher et tendre amour, merci de sublimer toujours mes idées, page après page, que ce soit avec ton clavier ou ton reflex. Jamais tu n'as perdu patience devant mes demandes, et pourtant... Merci également pour toutes ces fois où tu m'as rassurée. Sans toi, ce livre ne serait pas comme je l'avais imaginé. Vivement toi et moi, seuls au milieu du lac, sur un canoë.

Pascale, mon amie, toi que j'ai toujours connue sans frigo... (rires). Notre amitié fait partie des choses les plus précieuses que je m'applique à "conserver".
Merci pour tes conseils toujours avisés, tes délicates illustrations et tes fabuleuses céramiques.
Je t'attends pour une nouvelle séance de poterie à l'ombre de notre prunier.

(Retrouvez ses créations sur www.pascalemoteki.com/ceramic)

Papa, tu m'as toujours encouragée, merci pour la fierté que je lis dans tes yeux.
Toi, l'homme de justice, tu as su me transmettre ta ténacité et ton goût du mot juste.

Maman, il est tellement de choses pour lesquelles je tiens à te dire merci.
Tu m'as transmis ta passion de la lecture et de l'écriture, mais également celle du bon, du beau, du fait-maison et avec amour. Tu m'as fait découvrir l'indicible plaisir de prendre le temps de cultiver, de cuisiner et de partager. Je ne t'en remercierai jamais assez.

Maryse et Claude, merci pour votre soutien et vos précieux encouragements.

Marie-Lee, Macha, Yoko, Sally, Lina, Charles, John, Angèle, Radhika, Amélie,
merci d'avoir répondu présent(e)s.
Chacun des moments passés ensemble fut pour moi un fantastique privilège.

Merci à toi, François, chef éco-responsable (L'épi Dupin - Paris), à vous, Yves, chercheur d'épices/biologiste (Saravane-Arcachon), et à vous, Jean-Louis, membre de l'Association française de Lichénologie, pour vos conseils très avisés.

Merci à Alexandra et à Charlie pour les nuitées parisiennes et les jolies rencontres.

Norio, merci mille fois de nous avoir confié les clés de ta fabuleuse petite échoppe japonaise, Motchiya (Toulouse), pour y réaliser un portrait.

Usha, merci pour les confidences sur ton enfance, l'inoubliable tarte aux fraises et l'après-midi extraordinaire passé à parler de l'Inde et de ses secrets.

Simona, les robes de ta marque Offonclothing mère-fille (en couverture de l'ouvrage) sont de vraies splendeurs, merci encore de nous les avoir cousues sur mesure.

Un merci spécial au Marché de Léopold (Gujan-Mestras) pour les fruits et les légumes hautement photogéniques et goûteux qui apparaissent dans ce livre.

Enfin, un immense merci à Éric, Anne et Camille pour la confiance que vous m'accordez, ainsi qu'à Sabrina et Françoise pour la relecture attentive.

Impression & brochage SEPEC
N° d'imprimeur : 02672170629
Dépôt légal : août 2017

Imprimé en France

IMPRIM'VERT®

PEFC™ 10-31-1470 / Certifié PEFC / Ce produit est issu de forêts gérées durablement et de sources contrôlées. / pefc-france.org